福祉施設からはじまる

多世代ごちゃまぜ
地域共生社会

権頭 喜美恵
GONDO KIMIE

幻冬舎 MC

人と人のつながりが地域共生社会を実現させる

私たちは人と人とのつながりの中で生きており、孤独に生きることほどつらいことはありません。人と人との結びつきが深ければ深いほど、幸福度の高い地域社会になっていきます。

私の人生はそんな人とのつながりに幸せを感じ、ときには孤独になり、ときには多くの人に助けられて今の人生を歩んできました。だからこそ福祉の仕事をするなかで「人と人とのつながりの大切さや、幸せに生きるとは何か」を常に考えさせられます。

数年前、私が運営している北九州市内の福祉施設のある地域に、ひょんなことからケニア人のオギラが滞在することになりました。オギラはケニアにあるアフリカ最大規模のスラム街キベラ・スラムで、孤児や貧困の子どもたちを救うために設立されたマゴソスクールという日本人が主宰する学校の教頭を務めています。言葉も通じない初対面のオギラと過ごす1カ月間、私はどのように接するかという多くの戸惑いがありましたが、それはずぐに消え去りました。彼の優しい表情や豊かな表現力は、たとえ簡単なあいさつであっても人々の心を引きつけ、温かな気持ちにさせるのです。気づけば彼はあっという間に出会う人々の中に溶け込んでいました。

そんなオギラが地域の人たちに語ってくれたケニアの子どもたちの話がずっと私の心に残っています。

「子どもたちは、貧困という厳しい現実の中で生きています。学校教育を受けるためではなく、今日という日のたった一度の食事を得るために学校に来る子どもたちも少なくありません。それでも、彼らはいつも笑顔を浮かべています。その笑顔は、おいしいものを食べられるとか、欲しいものが手に入るからではなく、明日の命がわからない中で、大切な人と一緒に過ごせるというただそれだけで笑顔になれるのです」

彼自身が実際に体験してきたことだからこそ、人とのつながりの大切さを感じさせてくれるこの言葉は私の心に強く響いたのです。

彼の言葉は私に、かつて人とのつながりが深かった子どもの頃の情景を思い出させてくれました。夕暮れ時になると、家の前の砂利道には近所の人々が集まり、子どもたちは道端で鬼ごっこをしたり、バドミントンを楽しんだりしていました。時折、大人も参加し、まさに昭和30年代の『三丁目の夕日』のイメージが脳裏をよぎります。赤い夕日の中で、実物の数倍にも長くなった人影が動き回り、魚の焼けるにおいや甘辛いしょうゆの香りが漂ってくるのです。食卓では、家族そろって一つのお皿からおかずを取り分け、今日の出来事を夢中になって語り合いながら、夕食の時をいつまでも楽しみました。時には、気付けば口げんかが始まる場面もありました。このような思い出の一場面こそ、もう戻ることができない子ども時代の幸せを色濃く感じさせるものです。

しかし、人とのつながりが薄く、孤独を抱える時期もありました。大学3年生のとき、仕送りなしでの苦学生ながら私は学生結婚をし、第一子を出産しました。その後、母が早くに亡くなったため、今日でいうところの「ワンオペ育児」が始まることになりました。夫も同じく苦学生であったため、金銭的には厳しい状況でしたが、大学の先生や友人たちの支えを受けて、充実した「学ママ生活」を送っていました。

しかし、大学卒業後、夫の出身地である北九州に移ることになり、まったく知らない土地での子育てが始まり生活は一変しました。親戚や友人がまったくおらず、ネットや携帯電話も普及していない時代であったため、相談相手や会話をする相手がいない状況で強い孤独感を抱きました。社会で活躍する友人たちを横目に、私は一人で家にこもって子育てに奮闘していました。その結果、社会や人とのつながりを求める気持ちは募る一方で、精神的に追い込まれ、うつのような状態にまで至りました。

私がようやく外とのつながりを持てるようになったのは、子どもたちが学校や幼稚園に通い始めたころのことでした。わずかな時間を利用して中学校の理科の講師として働くことができたのです。社会で働くことは、私にとって新たな解放感をもたらし、心からうれしい経験でした。

まったく知らない土地での生活を送っていた私ですが、子どもや仕事を通じて、徐々に知人が増えていきました。人との関わりが広がることで、私の生活には次第に色彩が加わり、希望の光が差し込むようになったのです。

ところが、勤務医の夫には大学の医局からの転勤の話が頻繁に持ちかけられていました。第四子が生まれたとき、私は自分の幼少期に引っ越しが多かった経験から、子どもたちには「ここが故郷だ」と呼べる場所で人とのつながりの中で育ってほしいと強く思うようになりました。

そこで、ひとつの単純な思いつきから無謀にも、夫が転勤や異動をすることのないよう地域に根差した診療所を開設しようと考えたのでした。夫もいずれは地域医療を担いたいという夢を抱いていたため、私たちの思いは一致し、開設に向けて動き始めました。この決意をしたのは、私が28歳のときでした。

当時、医療や福祉、さらには経営に関する知識はまったくなく、資金も人脈もない北九州で診療所を開設しようと考えたのは、決して大きな志からではありません。むしろ、社会の最小単位である家族を守りたいという思いが、私の原動力となったのです。

そして、多くの問題を乗り越えた2年後、赤ちゃんから高齢者まで地域の人々の健康を守る総合診療を主とした診療所を開設しました。私はその経営や窓口業務に携わり、来院されるさまざまな環境にいる地域の方々と顔見知りになる機会が増えました。雑談を通じて、病気の話以外にも、家族の介護、認知症を抱える家族、障がいのある家族、ひとり親家庭の問題、さらには貧困による悩みなどを抱えている方々と接するようになりました。時には相談できる相手がいなくて苦しんでいる方に出会うこともありました。

そのような方々に対して、診療所での支援には限界があると感じ始め、何かお役に立てることができないかと考えるようになりました。そこで、課題の多い社会の中で、家族や個人の問題を抱えたまま孤立することなく、人と人とのつながりを持てる地域社会を目指し、2003年に居宅介護支援事業所を立ち上げる計画を立てることにしました。

立ち上げにあたって、介護や福祉の分野に無知だった私は、大学に編入学し福祉を学び、さらに大学院で地域コミュニティに関する知識を深めました。この学びが、のちに多くの事業所を開設するきっかけとなりました。

また、医師であり同じような考えを持つ夫とも連携し、地域のお役に立てる事業所を必要に応じて開設していきました。医療と介護の連携がうまくいっているのも、夫の協力があってこそです。

介護事業を始めたばかりの頃、診療所に来られた患者さんのかしこまった表情と、デイサービスの利用者として介護事業所で見せる生活感あふれる表情の違いに驚かされ、それはつながりの距離感が異なるからだと感じました。また、介護計画を立てる中で個々の生活課題を分析することで、福祉という分野で人々の生活をお手伝いさせていただくことにやりがいを感じるようになりました。

ただ、生活のお手伝いは人の内面に入り込むようなことも多々ありますが、実際には制度の中での支援にすぎず、腑に落ちないことや納得できないことも多くあります。さまざまな人と関わる中で、「人として生きるとは」「人としての生活は何か」と自問自答し続けました。そして、関わらせていただいた方々の「亡くなる瞬間まで笑顔で生きるお手伝い」をしようと決意したのです。その実現に向けて、ハード面、ソフト面、入居者や家族、職員、地域の人々とのつながりを育む仕掛けづくりに力を注いできました。

法人名の「もやい」は、助け合いや分かち合いを意味しています。私たちは「おたがいさまで笑顔がいっぱい」という基本理念のもと、医療、福祉、地域が一体となり、誰ひとり孤立しない安全・安心な次世代を育てられる、多世代による地域共生社会を目指しています。これは、自分自身の経験から生まれた思いであり、「人と人とのつながりが社会課題を解決する」「生まれ、生きる意味や目的は次の世代につなぐことだ」といった考えからです。

また、特別養護老人ホームなどの施設は、人生の中でそのステージに合わせて転居していく一つの移り住んできた住まいであり、特別な場所ではないと考えています。ですから、家族だけでなく、近所の人々や赤ちゃん、ママ、子どもたちの声が聞こえ、共に過ごすことが自然な環境です。そういった環境をつくるために、私たちは赤ちゃんから高齢者まで地域の人々をつなげるためのさまざまな取り組みを行っています。

その取り組みは、人と人が自然につながることを目的としており、決して強制ではありません。入居者が「その人らしい暮らし」を継続できるよう、自己選択できることが重要です。これからも入居者の「地域住民」「社会の一員」としての生活を守ることを目指していきます。

当初は地域の介護相談窓口から始まった事業も、家族問題を考慮しながら、今では通所介護、認知症対応型共同生活介護のグループホーム、特別養護老人ホームに加え、保育園や障がい福祉事業、地域の見守り事業、多世代コミュニティカフェなどを運営し、事業所は20カ所を超える数となりました。

本書では、地域社会における「孤立」と「つながり」、そして地域福祉に求められていることやできることについて、私のこれまでの取り組みを紹介しながら改めて考察していきたいと思います。この内容を通じて、多くの方々がこれからの地域社会のあり方について考えるヒントを得ていただければ幸いです。私たちが目指すべき地域共生社会のビジョンを共有し、誰もが安心して暮らせる環境を築くために、共に考え、行動していければと思います。

福祉施設からはじまる　多世代ごちゃまぜ地域共生社会　目次

［第4章］福祉施設が地域活性化に貢献できる

第1章

老老介護、子育てに疲弊する親世代、子どもの虐待……社会からの「孤立」に苦しむ地域の人たち

少子高齢化によるつながりの希薄化が生む悲劇

少子高齢化が急速に進む日本では、社会全体にさまざまな影響が生じています。その中でも特に深刻な問題の一つが「老老介護」の増加です。2020年時点で65歳以上の人口が約3割を占め、2070年には4割に達する見通しがあり、高齢者が高齢者を介護する状況が拡大しています。

厚生労働省の「2019年国民生活基礎調査」によると、主な介護者の69・0%が60歳以上、54・7%が65歳以上となっており、介護する側の高齢化が顕著です。また、2020年の内閣府の報告では、65歳以上の高齢者のみの世帯が約762万世帯に達し、そのうち約132万世帯に要介護者がいることが示されています。

複数世代の同居が当たり前だった時代は、家族全体で高齢者の介護を担うことが一般的でした。しかし、核家族化や少子化が進み、高齢者が孤立しながら介護の負担を一手に引き受けなければならないケースが増えています。80代の妻が90代の夫を介護するという状況が、もはや珍しくありません。

老老介護は、介護者自身に身体的疲労や精神的ストレスといった深刻な影響を与えるだけでなく、長時間にわたる介護によって社会とのつながりを失い、孤立感を深める問題も引き起こします。とりわけ高齢の介護者にとって介護は非常に過酷な作業であり、大きな負担になります。長時間の介護による腰痛や関節痛、睡眠不足、ストレスなどは、高齢の介護者の心身をむしばみ、うつ病などの精神疾患のリスクを高めます。最悪の場合、介護放棄や虐待、さらには痛ましい無理心中にまで発展することもあるのです。

また、経済的な負担も見逃すことはできません。介護費用がかさむことで、年金収入だけでは生活が困難になるケースも多く見受けられます。これは、日本の年金制度において、第3号被保険者（専業主婦など）の場合、配偶者の年金記録に基づいて年金が支給されるためです。厚生労働省の統計によると、2019年時点で約890万人が第3号被保険者として登録されており、その多くが女性です。

一方で、独居高齢者の増加も見過ごせない問題です。子どもたちが都市部に移住し、配偶者と死別した高齢者が一人で暮らす世帯が増えています。独居高齢者は日常生活での困りごとや緊急時の対応において心身の健康管理の難しさ、そして何より孤独感という大きな課題に直面しています。この孤独感は精神面の健康や生活の質に影響を与え、社会的な孤立を深めてしまう可能性があります。

孤独によって虐待と自殺に揺れる子どもたち

老老介護の問題が深刻化する一方で、同じように社会とのつながりが希薄になることで影響を受けているのが子どもたちです。共稼ぎ世帯が増え、仕事と家事、子育ての両立は忙しく、子どもと関わる時間が減っています。また、日本は晩婚化が進んでいるため、子育て世代の親が高齢であることが多く、仕事だけでなく親のサポートに追われるケースも増えています。さらに、地域コミュニティの崩壊により、地域内で気軽に声を掛け合う人が減っています。このような背景から、子どもたちは孤立感を深め、心の健康に悪影響を及ぼし、虐待や自殺といった深刻な問題が発生してしまうのです。

厚生労働省の統計によると2021年には児童相談所への虐待通報件数が20万件を超え、過去最高を記録しました。この数字は10年前の約3倍にもなる急激な増加です。通報件数の増加は、実際には虐待ではないものの、虐待疑いとして地域住民からの通報が増えているといった要因もあります。

虐待の原因は、おもに家庭内での暴力や育児放棄（ネグレクト）、精神的な虐待が挙げられますが、その背景には親自身が抱えるストレスや経済的な不安、孤立感があります。つまり、子どもの抱える問題は親自身の問題でもあるのです。

かつては近所の大人たちが自然に子どもたちを見守る環境があり、子育てで悩んでいる親や、困っている子どもがいればすぐに気付き、声をかけたり助けたりすることができました。しかし現代では、そのような人々の関わりが薄れ、近所にどんな人が住んでいるのか分からないような状況が増えています。個人情報保護法のこともあり、家族の状況や環境などを知りたくても共有しにくいため、孤立した家庭で起きる虐待が表面化しにくくなっているのです。

働く場がない障がい者と難病を抱える人たち

高齢者や子どもはもちろん、社会的に弱い立場にある障がい者や難病を抱える人々も適切なサポートがないと孤立のリスクが一層高まります。

厚生労働省の調査によれば2021年時点で日本には約964万人の障がい者が暮らしており、その多くが働くことを望んでいます。しかし、実際に就労できる人は限られており、就労の機会が非常に少ないのが現状です。障がいや難病への理解不足や職場環境の整備が進んでいない中で、なかなか仕事を見つけるのが難しく、自分らしく生きるためのチャンスを失っています。

障がい者や難病を抱える人たちにとって働く場がないという現実は、経済的に生活の基盤を築くことが難しいということはもちろん、社会の中での自分の存在意義を見いだせず生きがいを感じられないという深刻な影響を与えています。

また、せっかく就労できたとしても、職場にうまくなじめず孤立感を抱いてしまったり、障がいへの理解不足や偏見によって十分なサポートを受けることができなかったりして、職場を離れざるを得なくなったりすることは珍しくありません。

誰もが尊厳をもち、それぞれの個性と能力を発揮して、安心して暮らすことができる地域社会を築くためには、たがいに支え合い、理解を深めることが何より大切です。

地方におけるより深刻な「孤立」の問題

地域のつながりの希薄化というと、都市部で見られる問題と考えられがちです。しかし、実は地方こそこの問題が深刻です。都市部と比べて、地方では人口減少や高齢化が進んでおり、地域社会における孤立の問題がより一層深刻になっています。過疎化が進むことでコミュニティの機能が失われ、人々の交流が減少し、支え合いの輪が小さくなり、助け合う機会も限られてしまいます。また、若者の都市部への流出により、高齢の親だけが地域に取り残されるケースが増えています。これは、地域で働ける場が限られていることや、地域経済の縮小によって仕事や生計に不安を抱える人が増えているためです。このような社会構造の変化が人々のつながりを薄れさせ、孤立感を広げる悪循環を生み出しているのです。

私はかつて、北九州市に移住したとき、地域で孤立した状況を経験しました。しかしその後、診療所を開設したことをきっかけに地域の人たちと深く関わる中で、それぞれの事情を知ることになり、地域社会の問題に関心をもつようになりました。その結果、地域全体がひとつのコミュニティとして支え合い、誰もが頼り合える社会を実現することこそ、孤立のない温かな社会づくりの第一歩だと考えるようになったのです。

その後、私は北九州市で約30年にわたり、高齢者、障がい者、そして子どもたちのための福祉施設の運営に全力を注いできました。そこで直面したのは、地域のつながりが希薄化する中で、多くの人々が困難に直面している現実です。老老介護に苦しむ高齢者、虐待に苦しむ子どもたち、社会参加の機会を奪われる障がい者、そして仕事と介護の両立に苦しむ家族——これらの問題は、地域社会が機能しなくなりつつあることを象徴していると考えています。

現在、私は3つの法人を運営し、300人を超える職員が集まるまでになりました。この歩みは孤独な一歩から始まりましたが、今では地域にとって欠かせない存在へと成長しています。そして、大学で社会福祉について学びMBAを取得することで、地域コミュニティの重要性への理解が一層深まりました。

地域社会における人と人とのつながりが、社会課題を解決する最大の鍵だと私は確信しています。次の世代への希望を胸に、誰もがより良い未来を築くための土台を作ることこそが、自分の使命だと信じながら地域とともに歩み続けています。

［第2章］

誰一人として地域で孤立させない――福祉施設が中心となり地域共生社会を実現する

地域コミュニティのあり方の変化

少子高齢化社会の到来は私たちが生活する地域にさまざまな課題を投げかけています。8050問題に直面する家族や家族難民も増加傾向にあります。高齢者や障がい者などを対象とする在宅ケア、在宅医療などを必要とする人も増えてきました。国が進める介護政策に沿ったさまざまなサービスを利用する人は今後も確実に増えていきます。

「日本は家族以外の者との交流やつながりがどれくらいあるか」を問うた調査で「自分の属するコミュニティないし集団の外との交流が少ない」ということが明らかになりました。この点を京都大学 人と社会の未来研究院の広井良典教授は「日本は『社会的孤立』が先進諸国の中で際立っている」と指摘しています。

私は、地域社会の本来あるべき姿とは「他者の課題を自分事としてとらえ『おたがいさま』の考えで手を差し伸べるお節介な人が一定数存在し、自主的で主体的、つまり自助と互助で支え合えるような人と人とのつながりが保たれていること」だと考えています。

そのような支え合いを構築するためには地域の人と人とのつながりを大切にし、たがいに顔の見える関係づくりをすることから始めなければなりません。そうした関係を生み、育む場、つまり地域コミュニティの場は古くは神社仏閣などが担っていました。

地域で暮らす人たちが毎日の生活を送るために必要であるばかりでなく、ぶらぶらと歩くだけでも楽しい商店街も人と人が触れ合う一種のコミュニティとして機能していました。

しかし、急速に進んだモータリゼーションで郊外の大型ショッピングセンターに人が移るようになると、対照的に全国の多くの商店街やアーケードからかつてのにぎわいが失われました。それればかりか、今では郊外のショッピングセンターにコミュニティの場が設けられるようにもなってきました。

戦後の日本の地域コミュニティを振り返ると、かつては地縁というしっかりとしたつながりの上に築かれていました。生活の場では、大人も子どもも近所の人と常に顔を合わせる関係が保たれていました。

子どもが学校から帰ってきたときに親がいなければ、隣の家に上がり込んで友達と一緒におやつをほおばるし、そのことをとがめられることはありません。

井戸端会議に花を咲かせる大人たちのそばを子どもたちが走り回るのは日常的な光景で

したし、食べ物のおすそ分けや、味噌醤油類の貸し借りなどもおたがいさまでした。

大人たちは笑い合うだけでなく、時に生真面目な表情で相手の話に耳を傾けたり、天を仰いだりすることもあります。困ったときにはたがいに助け合うことも当たり前でした。

そういう大人たちの振る舞いを見て子どもたちは育ちます。家の近所ばかりでなく、近くの神社や寺は祭りや行事で何かと人の集まることの多い場所ですからコミュニティの場として最適でした。地域の人たちをつないでいるのは同じ土地に住んでいることで生じる社会的な関係、つまり地縁です。

ところが昭和30年代に始まる高度経済成長期を機に、人と人、家と家といった地域内のつながりがどんどん薄れていきます。人々の多くが経済の発展や成長を追い求め、お金を稼ぎ、良い暮らしをすることに重きをおき始めたためです。

豊かな暮らしを望む人たちの目標は電気洗濯機、電気冷蔵庫、白黒テレビの「三種の神器」と呼ばれる家電製品から、カラーテレビ、クーラー、自家用乗用車それぞれの頭文字を取った「3C」に移っていきました。

お金を稼ぐためには良い学校に通い、大きな会社に勤めることが早道です。地方の多くの若者はそうした生活を夢見て大都会に向かい、それに伴って地方の過疎化に拍車がかかりました。

やがて都会に住み始めた若者は家庭をもち、核家族として暮らします。子どもができると子育ては母親一人に委ねられます。両親と子どもという関係性が薄くなることで家庭内のつながりが微妙になり、やがて崩壊の道をたどる場合もあります。

高度経済成長が頂点を迎えたあと、何度か景気の山谷を経験した日本はバブル経済に突入します。それはのちに「失われた10年」という反動期を経て日本経済を停滞させ、経済の発展、成長だけを追い求める「会社中心の社会」の終焉《しゅうえん》を告げました。

しかし、かつてのような地域における人と人とのつながりは依然として改善することはありませんでした。それどころか、少子高齢化の進展で、ますます深刻の度を増しています。

自分の仕事を通じて、そういう地域のあり方がおかしいのではないかと感じ始めたとき、私は、家族や地域における人と人とのつながりを以前のような健全な形に取り戻さなければならないと思ったのです。

そのためには、旧来の地縁だけに頼るのではなく、さまざまな人が集い、つながることのできる場をつくることが先決であると感じ、昔の神社や寺、商店街などに代わるコミュニティをつくろうと考えたのです。その手法として選んだのが、私が運営する社会福祉法人の施設を拠点としたコミュニティの形成でした。

地域の中には、拠点となるコミュニティはいくつあってもよいと思います。それぞれの場所がもつ特性や役割に応じて、多様な拠点が存在することで、地域社会はより豊かで活気あるものになります。

時代とともに地域やコミュニティのあり方は変化しています。少子高齢化社会である今、健康や医療、介護、福祉に興味をもつ人が増えており、今後は医療施設や福祉施設などもコミュニティの拠点の一つになるだろうといわれています。

地域共生社会の必要性

今、社会問題となっている孤立は特別な人にだけ訪れる境遇ではありません。人は誰でも、その入り口の近くに立っているといえます。

例えば、さまざまな障がいのある人、医療的ケア児を抱えた家族、子育て中の母親、その中でもひとり親家庭、要介護者と介護者、一人暮らしの高齢者、引きこもり状態にある人たちなどは孤立のリスクが高い状態にあります。

こうした人たちには、それぞれの状態に応じて守ってくれる制度がある程度用意されているかのように見えます。しかし、それらはあくまでも形式的で、この人たちが本当に不安なく安心して過ごせるような制度にはなっていません。本当に不安なく生活していくためには、家族とまではいわなくとも身近な人と人とのつながりが必要だと考えています。国や行政が用意した制度の中では、生活の中でのつながりまでには至っていないのです。

なぜなら、こうした制度は多くの場合、行政の「縦割り制度」で運営されているからです。しかし、人の生活は縦割りにはできません。例えば、不登校の中学生を育てているシングルマザーが、認知症の親を世話しながら仕事をしていて、本人ががんとなり余命宣告されたというような場合、行政の相談先はすべてバラバラです。また、乳児院には赤ちゃんしかいません。児童養護施設には子どもしかいませんし、特養には高齢者しかいませんし、障がい者のグループホームには障がい者しかいません。

同じような状態の人が寄り添っているのは一見、当たり前のように思えます。本来の制度はそれぞれが孤立するリスクの高い人たちを、そうさせないようにすることを目指して設計されていたはずです。しかし、実態は同じ状況の人たちをただ集めているとしか思えないのです。

そうなる背景にはおそらく、管理のしやすさや支援のしやすさという事情があるのだと思います。端的にいえば、支援する側のやりやすさが優先されているのです。

本当に孤立している人たちに手を差し伸べるのであれば、同じ境遇の人たちを集めるのではなく、さまざまな人たちを「ごちゃまぜ」にするほうが得策であると私は考えます。

それが私の描く「地域共生社会」の基本です。地域共生社会とは、人の幸せは人と人とのつながりの中にあると考えることから始まります。私が唱える地域共生社会では赤ちゃんから高齢者まで、多世代が分け隔てなく暮らしていけることを目指しています。

この社会では、障がいや病気、認知症の有無や要介護の度合い、国籍、性別などに一切の線引きをしないし、壁も設けません。そこに集う人がどのような状態であろうともたがいに支え合っていけるような社会でなくてはならないのです。

支え合いの問題だけではありません。日本では年を取るほど幸福度が低くなるといわれます。その原因の一つは孤立化にあると思います。私が地域共生社会の構築に力を注いでいるのは、地域の人たちに等しく幸福度の高い生き方をしてほしいためでもあります。幸福度の指標は分かりにくいですが、例えば、笑顔の多さで表すとしてみましょう。私たちは、道端で赤ちゃんとすれ違ったときついつい笑顔になってしまいます。何も仕事ができないように思える赤ちゃんですが、人を笑顔にし、人の心を穏やかにすることができます。これをすべての福祉職の人たちができるかというと、そうとも限りません。対人援助技術などを学んだうえでの業務上でのミッションと比較すると、赤ちゃんの為《な》せる業は本当に素晴らしいものです。この笑顔だけを考えても、たくさんの人が日常的に関わり合うことの大切さが見えてきます。

地域共生社会は最初からそこに存在するのではなく、地域の実情に応じて、その地域の人たちによって意識的に整えていくものであると思います。社会や地域を変えていくということは並大抵のことではありません。民間の力には限界がありますし、そもそも、地域の人たちも「それは国や行政がすること」と思い込み、いつの日かすべてのことを国や行政が施策の中で整え、私たちのためにより良い方向に動かしていってくれるものと信じて、その日が来るのを待っている人が多いのも事実です。

これまでの私の活動を振り返ると、行政は、時には私の活動を後押ししてくれて頼もしく、また、時には悩ましい存在でした。例えば、何か新しいことをしたいとき、行政機関の担当部署に相談に行くと「前例がない」「ひとつだけを認めるわけにはいかない」などと追い返されることはたびたびありました。

言葉にしないまでも、以前は、そういう意識が垣間見える職員が多いと感じました。民間が自分たちの資金で一生懸命にやろうとしていることを後押ししてくれるならまだしも、結局、同業組織団体と行政が連携などといいながら、形のみで済ませようとしているような事例は数多くあります。何をもって社会や地域を変えることができるのだろうと、当時は考え込んでしまいました。私たちは、とにかく良いことばかりを口で言うだけでなく、動くことを重視して活動を続けてきました。

「北九州一、日本一、世界一の発信できる法人になろう」は、職員に向けた私の口癖の一つでもあります。

国は全国規模で新たな政策を進めていく際にしばしば「それぞれの地域特性を活かした取り組み」をうたいます。ところが、それが地方自治体に下りてくると、どこも判で押したように同じような方向性と提案が示されます。

しかし、実際には地域ごとに、国のいう特性があります。高齢者が多く住んでいるとか、高齢者でも引きこもりが多く就業率が低いとか、コミュニティが充実しているとか、本当に千差万別の状態なのです。

にもかかわらず、地域がもつ固有の特性にはお構いなく、投網を打つようにざっくりと扱うのは本当の地域特性が国や行政には見えていないことによるものだと思います。

国や行政の感覚と民間の感覚の違いは私が新たな取り組みを始めるたびに直面してきたことです。ただ、ほかの都市のことをあまり知りませんが、最近の北九州市では大きな変化があります。人口減少や少子高齢化、そして若者の地域定着の難しさ、商店街の空き店舗の増加に加え、産業構造が変化する中、ないものを見るのではなく、人材も物も、あるものに目を向け動き始めています。これも時代の流れなのでしょう。

そのような中、子ども食堂に関していえば、市内では「子ども食堂ネットワーク北九州」を中心として広がりをみせています。子ども食堂の発想は、まだ子ども食堂という言葉が出ていなかった2011年の私の社会福祉法人の創設時に市に提出した特養の提案書にも書いており、朝の登校時にちょっと施設に立ち寄って、朝ごはんを食べてもらいたいというところからきています。また、学校から帰ってくると母親が留守で家にいなかったときなどに、隣の家に上がり込んでおやつやご飯を食べさせてもらっていた時代の近所づきあいと同じ感覚でもあるので、子ども食堂は校区どころか小さな町内ごとに1軒あってもよいくらいだと思います。

私が子どもの頃には、近所には当たり前のようにお節介なおばさんや、しょっちゅう小言を言ったりするおじさんがいました。親の代わりに注意したり、叱ったりする役回りの大人たちです。しかし、人と人とのつながりが薄れたために、そういう大人たちも減ってしまい、近所の大人と子どもたちが接する機会がなくなってしまいました。人との付き合いが「面倒」と思われ、それを避けるような時代になってしまったのです。

そして、親から叱られたことのないまま育った子どもたちが社会に出て、世間の厳しい洗礼を受けると途端にメンタルに響き、立ち直れなくなってしまったという姿をたびたび見かけます。私自身、仕事を通してそういう若者を何人も見てきたので、彼らの心情が分かります。それだけに、子どもが育っていく中で、「面倒」や「理不尽」に慣れる環境をつくるためにも、ごちゃまぜを旨とする地域共生社会の大切さを非常に感じるのです。大人になってくると、「面倒」だったことが「ありがたい」に変わってくることもあるからです。

また、厚生労働省は、災害時のために3日分の食料と飲料水を備蓄することを老人福祉施設に推奨しています。北九州市は災害の少ないまちといわれているものの、近年の災害の発生状況を考えても当然のことかもしれません。しかし、備蓄品にも賞味期限があるのでフードロスにつながらないような対策を講じなければなりません。それを管理する職員の負担も増えます。保管する場所の確保など、無駄な労力も生じます。

そこで、2024年1月に、私の施設から徒歩10分圏内にあるドラッグストアとの間で、災害時には必要数量の商品を確保し必要に応じて拠出してもらうといった提携を結びました。一方、私の福祉施設は、地域の福祉避難所として登録しました。

これらの提携は自助、つまり自分たちで地域を守るという取り組みといえると思います。これも、地域共生社会の一員として民間同士での相互関係の中で果たした役割の実践例です。

このように、私は運営するさまざまな福祉事業を通じ、まちが一体となって、誰一人孤立しない安全安心な地域共生社会の実現を目指しています。

地域包括ケアシステムの意義と課題

地域包括ケアシステムの仕組みは「公助」「共助」「自助」「互助」の視点で説明されることがあります。

これらは費用負担の仕方によって区分すると理解しやすいと思います。「公助」は税による公の負担、「共助」は介護保険や医療保険などリスクを共有する仲間（被保険者）による負担です。

「自助」は「自分のことは自分でする」ことと、自費による市場サービスの購入も含まれています。「互助」は「共助」と似ていますが、相互に支え合っているという点で、費用負担が規則や制度に裏付けられていない自発的なものであり、主に地域の住民やボランティアによる形をいいます。

ただ、これらは時代によって、その指し示す範囲や役割が変化してきています。2025年には団塊の世代が後期高齢者の年齢に達し、独居や高齢者のみの世帯が急増することが予想されるため「自助」「互助」の概念や範囲、役割に新しい形が求められていくことになります。

人と人とのつながり方の違いによっても求められる部分が違ってくると考えられ、住民間のつながりが希薄な都市部では、強い「互助」を期待するのが難しい半面、民間サービス市場が大きく、「自助」によるサービス購入が可能な部分も多いと考えられています。

しかし、都市部以外の地方では、民間市場が限定的になる一方で「互助」の役割が大きくなってきます。いまだに高度経済成長期流の「人口増ありき」でつくられた制度に基づく「公助」「共助」を求める声が大きいものの少子高齢化、人口減少の中での財政状況を考えると、今後は「自助」「互助」の役割を考えていくことが必要です。

こうした変化を想定すると、従来の地域コミュニティが、このような大きなミッションに応えていくことができるだろうかという素朴な疑問を感じます。それは介護保障と地域医療の保障、そして社会保障から示された大きな期待ですが、とても難解で重い宿題でもあります。

地域社会やそれを担うコミュニティが「地域包括ケアシステム」の構築に向けた動きを推進していくためには、多くの妨げや大きな壁が横たわっています。

この「地域包括ケアシステム」の構築は、地域社会やコミュニティにとってこれまでにない大きな社会実験でもあります。地域社会が直面している人口減少・超高齢社会に備えた「福祉国家の限界から福祉社会の創造へ」という社会実験の方向のなかで、どのような社会やコミュニティをつくるのか、地域づくりの精神とコミュニティの質が改めて問われることになります。

介護保険法と社会福祉法の改正において、市町村による包括的支援体制の制度化や、共生型サービスの創設などが進められることになりました。その少し前に厚生労働省は改革の基本コンセプトとして「地域共生社会」の実現を掲げ、その実現に向けて「我が事・丸ごと」地域共生社会実現本部を設置しています。

この地域共生社会とは、制度・分野ごとの「縦割り」や「支え手」「受け手」という関係を超えて、地域住民や地域の多様な主体が「我が事」として参画し、人と人、人と資源が世代や分野を超えて「丸ごと」つながることで、住民一人ひとりの暮らしと生きがい、地域をともに創っていく社会であると厚生労働省のホームページに書かれています。

その方向性は公的支援の「縦割り」から「丸ごと」への転換と「我が事」「丸ごと」の地域づくりを育む仕組みへの転換とされています。

地域包括ケアシステムは、少子高齢化社会の中で認知症や要介護者など高齢期のケアを念頭において出てきたもので、この部分は地域共生社会と変わりなく、引き続き推進していこうというのが、厚生労働省の見解のようです。しかし、今は高齢者に対する地域包括ケアシステムだけでは、適切な解決策を講じることができない時代となってきました。

そこで厚生労働省が言い始めたのが地域共生社会であり、高齢期のケアを地域で包括的に確保・提供するという地域包括ケアシステムの考え方を、障がい者、子どもなどへの支援や、複合的な課題にも広げたものです。

一つの家族が抱える問題は、一つとは限りません。障がい者を抱えている家族が要介護高齢者を介護しなくてはならないとか、子育てをしながら認知症の親を見なくてはならないといったダブルケアのケースがあります。65歳以上の親と、仕事に就かず親の収入で生活している40歳以上の子どもが同居している8050世帯などは、本人または世帯の複合課題となっていたりすることもあります。

さらに、制度の対象外や基準外で、制度の狭間となっていて対応できていないこともあります。ほかにも、社会的孤立や排除されて頼る人がいないケース、貧困や生活困窮が絡むケースも少なくありません。そのように家族の抱える問題が多様化していく中で、地域の福祉力も脆弱《ぜいじゃく》化し、気付いても対応が分からないとか、見て見ぬふりをするなど対応ができないようなことも増えていくことが考えられます。

このような状況下で打ち出されたのが2018年に施行された改正社会福祉法でした。この改正法施行後に、市町村において包括的な支援体制の整備がなされ、具体的な対応策として小中学校区などの圏域において、3つのことが期待されています。

①「他人事」が「我が事」になるような環境整備
・住民参加を促す人への支援
・住民の交流拠点や機会づくり
②住民に身近な圏域で分野を超えた課題に総合的に相談に応じる体制づくり
・地区社会福祉協議会（地区社協）、地域包括支援センター、相談支援事業所、地域子育て支援拠点等で実施
③公的な関係機関が協働して課題を解決するための体制づくり
・生活困窮者自立相談支援機関などが中核

そして、将来的な目標成果として
①地域住民や課題を抱えた人や世帯に「安心して気付く」ことができるようになり、課題の早期発見によって深刻化する前に解決に向かうことができる
②世帯の複合課題や制度の対象にならない課題も含めて、適切な関係機関につなぎ、連携しながら解決することができるようになる

③地域住民と協働して新たな社会資源を作り出すことができる
④本人も支える側である担い手にもなり、生活の張りや生きがいを見いだすことができる——
といったことを挙げています。

地域共生社会の実現に向けた地域づくりとは、高齢、障がい、児童など分野ごとの縦割りの相談体制では対応が困難である「世帯の中で課題が複合化・複雑化しているケース」「制度の狭間にあるケース」「支援を必要とする人が自ら相談に行く力がなく、地域の中で孤立している（時に排除されている）ケース」などを確実に支援につなげ、生活支援や就労支援等を一体的に行うことで、支援を必要としていた人自身も地域を支える側にもなり得る仕組みづくりを行おうというものです。

そのために、既存の相談支援機関を活用し、これらの機関が連携する体制づくりも行っていくことになります。

厚生労働省の「我が事・丸ごと」地域共生社会実現本部の資料によると、誰もがそのニーズに合った支援を受けられる地域づくりをしていくための、新たな時代に対応した福祉の提供ビジョンとして次の４つを骨格としています。

①地域課題の解決力の強化
②地域丸ごとのつながりの強化
③地域を基盤とする包括的支援の強化
④専門人材の機能強化・最大活用

地域共生社会と地域包括ケアシステムの関係を整理してみると、地域共生社会とは、今後、日本社会全体で実現していこうとする社会全体のイメージやビジョンを示すものであり、高齢者分野を出発点として改善を重ねてきた地域包括ケアシステムは地域共生社会を実現するための「システム」「仕組み」であるといえます。

高齢者ケアの分野で培ってきた地域包括ケアシステムの考え方や実践は他分野との協働にも活用できる汎用《はんよう》性の高いものであり、地域包括ケアシステムの深化と進化は、地域共生社会というゴールに向かっていくうえでは、今後も欠かせないものといえます。

今後の具体的なビジョンとして「地域を基盤とする包括的な支援を強化していくうえで、多世代交流や多機能型の福祉拠点の整備の推進」が挙がっており、福祉拠点が介護や福祉サービスを提供するだけでなく、地域づくりの拠点としての新たなコミュニティの場として期待されていることを感じます。

福祉施設も拠点コミュニティの一つに

私が運営する社会福祉法人の施設はたくさんの入居者に利用されています。私の施設を利用するに至った経緯は人それぞれですが、それがどのような事情であれ、私はすべての入居者を「地域の住民」「社会の一員」ととらえています。

それまで私の施設とは縁もゆかりもなかった入居者にとって、地域や地域の人たちと関わることは非常に大切なことだと思います。

地域の多くの人たちにとって、私が運営する社会福祉法人や傘下のさまざまな福祉施設やその施設の入居者は縁遠い存在です。「介護はある日突然やってくる」という言葉が示すように、家族から介護が必要な人が出ると、何から手をつけ、どのような手順で進めればよいか途方に暮れる人たちもいます。これまでは施設を利用する段階ではなかったのに、身近にそのような人が現れると、自分自身も健康や医療、介護などに関心をもつようになります。正確には、もたざるを得ない状況になります。

地域包括ケアシステムの助けを借りて介護を受ける立場になった人にとっては、初めて体験する多くの事柄のハードルは高いはずです。デイサービスの利用を勧められても、特養への入所を勧められても、戸惑うことが多いと思います。

私が理想とする施設は学校や神社や商店街に行くのと同じ感覚で足を運ぶことのできる、ごく普通の生活の場です。特別な場所ではなく、自宅の延長のような場であればハードルの高さを感じることはありません。

私の社会福祉法人では、いつでも地域の人たちが自由に出入りできるようにしています。施設内では市民センターやカルチャーセンターのように、サークル活動やイベント、コンサートなどが随時行われています。福祉サービスを必要とする人たちが集まったり、相談を受けたりする場として福祉施設が使われています。まさに、福祉施設がコミュニティの中心として機能しているのです。地域コミュニティのあり方が時代とともに変わる中で、今後は医療や福祉施設が拠点コミュニティの一つになるだろうといわれています。

実際、私の居住する北九州市では、新規の福祉事業所を開設するにあたって、ハード面の基準に「地域コミュニティスペースを設けること」が義務付けられています。2017年に成立した改正社会福祉法には「地域社会に貢献する法人のあり方の徹底」が目的の一つとして明記されています。幸福度の高い地域社会を目指すという施設の役割に基づくならば、人と人とのつながりの場をつくっていくことは、地域社会への貢献の中でも大きな位置を占めていると思います。

今後、私たち社会福祉法人は、勝手にやりたいことを押し付けるのではなく、もっと地域のことを知って、地域の困りごとに目を向けていくべきなのでしょう。そのような視点から、高齢化の進む地域において、地域の人たちの興味関心が医療や健康、福祉に向かっており、私たちの存在意義も大きくなってきているといえるのかもしれません。

また、今後の地域社会において、施設の若い職員が地域の担い手の一人として大切な存在となっていくと思います。職員にとっても、家庭と職場を往復する生活ではなく、職場を通して地域とつながることになり、それが当たり前のつながりとなっていくのかもしれません。入居者は、施設に入居しようとも地域の中での生活を継続し、職員は地域の人とつながることになります。医療や介護のちょっとした情報をもつ施設の職員たちは、地域の人にとっても安心できる存在といえます。地域の中の福祉施設は、これまでとは違った新しい役割をもつようになるのです。

福祉施設は、これからの拠点コミュニティの一つとなっていくといえると思います。

居場所の提供と地域活性化

私の運営する社会福祉法人では創業当初から、持続可能な地域包括ケアシステムの構築に向けた取り組みや、地域共生社会の実現を図るための地域貢献活動を積極的に行っています。その活動を行っている最たる施設は、グループの一つが運営する特養です。この特養が立地する地域には市民センターを筆頭に、ほかにも地域活動を行っている団体や組織、コミュニティが多数あります。こうした中で、この特養は新たな地域コミュニティの拠点として認められつつあります。

この特養では、在宅での生活が困難になり、常時介護を必要とする利用者が住み慣れた地域で変わらぬ生活を続けられるようにするという本来の目的ばかりでなく、敷地内のさ

1階のカフェにはラジオのスタジオや子どもたちの遊ぶ場所も

まざまな施設を活用した地域活性化にも力を入れています。特養内のスタジオや会議室、ステージのあるカフェなどは地域の人たちが使えるように開放しています。特養内に設けた地域コミュニティFMラジオのスタジオからの地域情報発信やマルシェの開催も好評です。敷地内のさまざまな施設や空間をレンタルスペースとして開放したり、地域の人たちとの交流を目的とした活動を進めたりするのは、それらを必要とする人たちに居場所を提供するのが狙いです。居場所としても大いに活用できますが、何より、この場を通じて人と人がつながるような場になればという考えもあります。

現在では特養の周辺地域だけではなく、市内の各所や市外など、遠方からの来訪者や利用者が増えてきています。

この特養のある敷地は、もともとは八幡製鐵株式会社（現日本製鉄株式会社）の社宅が立ち並んでいたところです。地元の人にとっては当たり前ですが、遠方から訪れる人からも時折「ここに子どもの頃住んでいた」などと声をかけられることもあります。さまざまな取り組みの成果もあって外部からたくさんの人を迎え、そしてまた人と人がつながっていく福祉施設は、もはや公共の施設といえると思っています。

こうした活動が実を結んだのかどうか定かではありませんが、地方創生の一環として継続介護付きリタイアメントコミュニティ（ＣＣＲＣ）が注目された頃、市のアクティブシニアが暮らしやすい地域づくりを目指す構想「北九州版生涯活躍のまち」でモデルエリアの５つのうちの一つに指定されたことがあります。市はＩターンやＵターンなどを含む移住政策に力を入れていて、旅行会社と企画したツアーの視察先の一つにも、この特養を組み入れてくれました。市が関わる福祉機器関連の大規模な展示会ではブースを用意してくれたり、講演会の機会を設けてくれたりしました。講演会では、地域共生社会に対する思いを訴えたり、「まちづくりから始める地域包括ケア」をテーマとして、オランダやデンマークなど海外での事例を紹介したりしました。また、高齢者が学生と同居する「ひとつ屋根プロジェクト」については、高齢者宅の空き室に低廉な負担で若者が同居・交流する次世代下宿「京都ソリデール事業」のことを京都府の方から講演いただき、意見交換をする場をつくったりしました。それ以降、国内外、遠方からの視察も増えました。必要とする人に提供できる居場所を用意する活動は、巡り巡って地域活性化につながると思っています。

［第3章］

地域包括ケア推進会議、マルシェの開催、赤ちゃん職員の採用……福祉施設の中で広がっていく住民の輪

地域包括ケア推進会議をめぐって

私の社会福祉法人が展開しているさまざまな事業はいずれも、周囲との仕切りのない施設を中心とし、まちづくりに寄与することを念頭においています。

「まちづくりから始まる地域包括ケア」をテーマとして関係機関が連携、協働する会議が「地域包括ケア推進会議」です。しかし、当初は、地域包括ケアシステムの推進に向けたケア会議や勉強会、研修会などは医療や看護の有資格者しか参加できないクローズドな会がほとんどでした。地域に居住している人の人生を考える場であるはずなのに、その当事者や家族、関わる地域の人は「蚊帳の外」におかれていたのです。

そういうことに疑問を感じていた私は、近隣の病院の医師や看護師など有資格者と、共感してくれた行政職員で構成される「わーくわくネット」という会議を2014年に立ち上げ、月1回の会議を開催していました。しかし、ほかと同様に、毎回、専門職の事例検討会という形の発表で終わり、認知症を知ってもらうためのセミナーを企画しようといった話も、有資格者のみでといった具合だったので、このペースだと何も変わらないだろうと感じていたのでした。さらに、看護師など現場で働きながら参加する構成メンバーは、毎月の開催は負担が大きいので、数カ月に1度の開催にしようという話になっていきました。

地域包括ケアシステムの構築は、そもそもいったい何を目標としているのか、誰のためにするのか、そんな基本的なことを理解している人が少なく、ただの自己満足的な会議で終わっているような気がしました。そう思うと、とても2025年問題には間に合わないという危機感と焦りを感じたのでした。

そこで、私は、地域活動をしている人や子育て中の人、障がいのある人、まちづくりに携わる人、そして当事者やその家族などを参加させたいと提言したのですが、残念ながら「まだ早すぎる」「多くの人に混乱を招く」と全員に反対されました。

このままでは地域のさまざまな課題を見つけにくいし、情報共有もしにくいため、地域の人やまちづくりに関わる団体などにも呼びかけて、その会議とは別の会を発足することとしました。最初は、「まだ認知症の人はいない」「まだ介護は関係ない」「そんなことは、役所の人にさせればいい」といった声もあり、無関心なまちの人が多くいました。また、わーくわくネットで参加してくれていた行政の保健福祉担当者は、「まちの人や子育て中の人などが参加するなら自分たちは関係ない」と参加しなくなりました。逆にまちづくり支援課やCRCを推進する局の担当の方たちが興味をもち動いてくださり、このとき、縦割り行政の姿を感じたのでした。

この新しいメンバーで発足した「地域包括ケア推進会議」では、勉強会を通して地域包括ケアシステムの本質を踏まえたうえで、地域の中の課題や社会資源に関する情報共有をし、解決策を考えるための勉強会や意見交換会を開くなど、参加する人と人とがつながれるような会としました。地域の人や問題意識をもつ人たちとの関係づくりは大切です。実際、これを通してつながった人たちの間で、地域活動の輪が広がった例も多くあります。

ただし、新型コロナウイルス感染症の影響で休止を余儀なくされたため、それに代わるものとして、私の運営している地域密着型の施設が立地するそれぞれの3つの地区で、地域関係者や他事業所、行政などによって隔月の開催が義務付けられている「運営推進会議」を「地域連携推進会議」と名を変えて、同じような機能をもたせて開催しています。

こういった集まりを通して課題発見、情報共有、課題解決に結び付けていくことも重要

地域包括ケア推進会議は地域の人も参加

ですが、自分たちで暮らしを守っていこうとする意識を高めていくことと、顔の見える関係づくりも大切なことと考えています。

地域包括ケアシステムは、おそらく今では言葉としては理解されていると思います。しかし、一人ひとりが抱える課題や背景、印象が異なるため、必然的にオーダーメイドとなってしまいます。そのため身近な地域のつながりや助け合いが不可欠の要素であることや、本人や家族の思いや意思が主体となるべきであることを、この言葉が出始めた頃は医療や介護の有資格者でも、理解できていない人が多かったように感じました。それぞれの資格に応じた業務における役割や任務を遂行していく視点からでは、「暮らしや生活の中にいる本人の思いや意思」を想像しにくかったのではないかと思います。

地域包括ケアシステムは国が推しているものの、行政、医療や介護の従事者が、その対象となる人の生き方を決めるということではありません。その人が自分らしい生き方をするために、できないことを家族が手伝い、家族では力が及ばないことを友人、知人、そして地域の人たちや、さらには私たちのような医療や介護に従事しているお節介に動く人たちが、社会保障制度のサービスの枠を超えて手助けする仕組みだと思うのです。この医療や介護従事者というのは、生涯にわたって伴走してくれる地域のかかりつけ医やお節介なケアマネジャー、拠点コミュニティとなっている顔なじみとなった福祉施設だったりするのです。最近では、地域ニーズに応じた活動を通して、地域の人たちが健康で安心して生活できる環境づくりを行っている「コミュニティナース」といった看護師の組織が誕生しています。そのような人たちとの段階的な関わりがあって、必要に応じて医療サービスや介護サービスにつなぐことで、初めて国の社会保障制度が活きることになります。

この考え方は、家族や地域のような小さな単位でできることは可能な限りそこに任せ、そこでは不可能なことだけを市や国のような大きな単位である組織が補完的に行う「補完性の原理」です。

地域社会で発生した問題をできる限り地域社会自らの力で解決していけるような力強い問題解決能力を備えた地域づくりが今後重要になってくると思います。

つながりの場「もやい通りマルシェ」の開催

私の社会福祉法人が運営する施設では、毎月第3土曜日に、建物、敷地全体を利用して地域住民を対象としたマルシェを開催しています。2015年5月から始めた恒例イベントで、新型コロナウイルス感染症の時期に数回休んだため、2024年4月に第100回の区切りを迎えました。

マルシェの狙いは大きく分けて2つあります。

第1は、法人としての広報的役割です。新設されたばかりの福祉施設をもっと知ってもらいたい、さらには、法人の目指すところまで知ってもらいたいという思いがあります。

マルシェには地域の多世代の人が訪れる

マルシェをきっかけとして、未知の世界だった福祉施設に気軽に出入りして、職員や入居者とも顔見知りになってもらえると、法人としての活動も広がっていく可能性があります。

第2は、多世代が同じ空間で楽しんでもらうための場の提供です。高齢者の福祉施設となると、出入りするのも職員や入居者の家族、時々来るボランティアの慰問の人たちくらいです。赤ちゃんや子どもたち、そのパパやママなどが来訪することはほとんどありません。そんな施設に、一緒に何かをするという特別な行事がなくとも、いろいろな世代の人たちが何かしら楽しい目的のために来訪し、おたがいの声が聞こえる同じ空間で楽しさを共有するだけで十分だと思っています。何度も来ているうちに、自然と顔見知りになったり、何かが生まれたりするかもしれません。これは、入居者だけでなく、出店者や来場者にとっても同じことがいえます。

出店者の登録数は、100件を超えています。飲食店やキッチンカーなどだけでなく、健康・美容関係の事業者、農家、子ども劇場、シルバー人材センター、難病支援ネットワーク、障がい者の就労継続支援事業所、大学生や高校生のボランティアなど多岐にわたっています。それぞれの出店者同士も顔見知りとなり、また別の場所での活動につながったりすることもあるようです。

現在はマルシェが全国的なブームで、その運営をビジネスにしている会社もありますが、私たちのマルシェは営利目的ではないため、出店料はもちろん、売上の一部を徴収することもしていません。

第1回のマルシェは、12月にこの施設を開設して半年経ってからのことでした。ちょうど同じ敷地内に診療所を開業し、その内覧会の日に合わせてマルシェの第1回としたのでした。診療所の内覧会では、よく来場者に粗品を配ったりしますが、私たちはありきたりの粗品を渡す代わりに、同じ敷地内で開催されているマルシェでの「お花釣りゲーム」の参加券を手渡しました。このゲームはヨーヨー釣りの要領で、遠くに置かれた花の鉢を長い竿で釣り上げるもので、敷地内の農業指導をお願いしていた生花なども育てている業者に協力してもらいとても好評でした。

こうして、内覧会に訪れた人を漏れなくマルシェに誘導する流れをつくったのです。お花釣りゲームも含め、第1回開催からしばらくの間は、法人グループ内の事業所の職員が総出で、それぞれの事業所がさまざまなお店を担当し、マルシェを手作りで運営していました。

当日に向けての準備ばかりでなく、店も任されるとあって、職員への負担は大きかったと思いますが、意外にも、職員たちは工夫を凝らしてマルシェでの出店などを楽しみながら手伝ってくれました。一芸持ちの職員が多いことも幸いして、スタートは外部に頼ることなく運営できました。

第1回で多くの地域の人たちを動員できたことは職員のモチベーションを上げたのかも

しれませんが、第2回以降しばらくは閑散としていました。しかし、マルシェで収入を得ようとは考えていないため、来場者の増減はあまり気にせずずっと続けました。近隣には、チラシのポスティングも続け「継続は力なり」を実践したのです。

そのうちに、バーベキューや餅つきをしたり、ハロウィンパーティーをしたりと、物販ばかりでなく体験コーナーにも力を入れ始めました。ちょっとした楽しい体験は、大人よりも地域の子どもたちの楽しみとなっていきました。そのせいか、来場者の多くが子どもであったため、私たちも彼らがまた来たくなるような出店内容で臨みました。回を重ねるにつれて、健康チェックや介護相談を受ける窓口や介護予防の啓発コーナーを設けるなど、有資格者の職員を活用した大人向けの企画を増やしたりもしました。さまざまな世代に向けた計画を立て、少しずつ来場者数が増えていきました。

増えたのは来場者だけではありません。出店する事業者の数も、私たちが呼びかけるのではなく、事業者同士の横のつながりや口コミで少しずつ増えていきました。出店者として登録しているのは100事業者ほどですが、スペースが限られているので実際に営業できるのは毎回30~40事業者です。

子育て支援の「スキップ広場」

時流を反映して、最近は駐車場にキッチンカーが並んだりもします。建物の中では飲食ばかりでなく、手作り品や幼稚園グッズの販売や、ワークショップ、終活相談、ハンドマッサージ、メイク、子育て支援の「スキップ広場」、スポーツチャンバラなどが縁日感覚でひしめき合っています。

マルシェの開催日は、運営本部のある5階建ての特養部分も含めた建物内と駐車場を開放して会場スペースに充てています。来場者数は、毎回300人前後ですが、通常のマルシェとは別に年に1度開催する「秋祭り（以前は夏祭り）」には、1000人前後の人たちが訪れます。来場者の中心は小学生ですが、下は親に連れられた赤ちゃんから、ボランティアの高校生、大学生、入居している高齢者まで、多世代にわたる人たちがごちゃまぜで楽しんでいます。

数人で毎回手作り品を販売しているシルバー人材センターの方々は、「毎月、ここでみんなに会えるのが楽しみなのよ」「いつもこの日が待ち遠しいの」と、お昼に食べるものを持ち寄って、子どもたちのにぎやかな声を聞きながら、楽しそうに休憩しています。マルシェの中で、出店者の多くの人は売上よりも人とのつながりを楽しみにしていることが分かります。

また、公園清掃をはじめとするまちの美化清掃活動や敷地内の清掃、高齢者の手伝い、沿道の花植え、施設が運営する農園の園芸活動といったボランティア活動の実施は、ほかのマルシェにはない取り組みです。

ボランティア参加者は当日の食のワークショップに無料で参加できる特典があります。活動に応じてポイントを集めると、後日、カフェで飲食したり、景品と引き換えたりすることができます。

施設にとっても、来場者にボランティア活動として敷地内清掃や草むしり、入居者の手伝いをしてもらえる利点があります。本来であれば、雇用したパート職員に業務を委ね、報酬を支払わなくてはなりませんが、そのための雇用契約を結ぶといった手間を省けるのです。ボランティアをする側も、雇用契約と違って気軽に参加できます。

マルシェには入居者や併設する保育園の園児たち、放課後等デイサービスの子どもたち、就労継続支援事業所の障がい者も来場者と同じように参加することができます。つまり、マルシェは乳児、子ども、障がい者、高齢者の誰もが参加できるコミュニティです。地域の中では、このマルシェをきっかけとして、福祉施設が子どもから大人、特にシニア世代にとっても当たり前の居場所となりつつあります。


2024年の春に100回の節目を迎えたときに感じたことは、入居者の家族との関わりです。本来なら地域の人以上に入居者の家族にマルシェへの参加など、もっと関わってほしいのです。例えば、幼稚園や学校のバザーは子どもたちばかりでなく親が必ず関わります。それと同じで、入居者の家族にも積極的に関わってほしいと思います。すべての家族が、とは言いませんが、特養のような施設では、家族が施設側に任せっきりというケースが多いように思います。

家族が安心して入居者と過ごし、楽しんでもらえるきっかけとして、マルシェが活用されればよいのにと思っています。

地域コミュニティFMラジオ

私の社会福祉法人の運営本部がある建物の一角には、地域コミュニティFMラジオのサテライトスタジオがあります。このスタジオは、社会福祉法人の創設時に、最初に開設した地域密着型の特養の施設内にある地域交流スペースにつくったものです。当初から、福祉施設を施設関係者だけでなく、施設に関係のないいろいろな人たちがもっと気軽に出入りできる場にしたいという思いがありました。

施設内へのスタジオの設置は、社会福祉法人の創設時に、市内の東半分をエリアとする地域コミュニティFMのラジオ局「FM KITAQ」の番組に声をかけていただき、広報目的で出演したことがきっかけです。スタジオのスペースや機材を見たとき、これは自分でもできるのではないかと思い、すぐにラジオ局の開局について調べ始めました。

広報の方法としては、今までは新聞広告や折り込みチラシ、また沿道や駅のホームなどへの看板などいろいろ利用してきました。インターネット上のホームページは、市内の医療機関の中でははじめてで、1997年に自分で作成しアップしました。ただ、OSがウィンドウズ3・1で、一般にインターネット自体が普及していないこれからという時代でしたので、閲覧数は少なかったです。しかし、当時はホームページの数自体が少なかったということもあり、私の作成したホームページが雑誌に取り上げられたりもしました。そういった意味では、ほかの人がしないことをすることによる広報効果はあったのかもしれません。

昨今は、新聞やテレビではなく、SNSやインターネットなどを使っての広報が主流となりつつあり、多様な発信の仕方自体が大きな効果を生み出すようになってきました。私は、ラジオもその一つではないかと考えました。また、施設内にスタジオを設けることにより、広報だけではなく、来訪者や職員にとっても、非日常を感じられる空間が施設内にあるということで、なんらかの新しい機能を生み出しそうな予感がしたのです。

当初は、地域コミュニティＦＭのラジオ局を開設しようと動いていましたが、ちょうどその頃、知人から紹介された隣の若松区の放送局「エアーステーションヒビキ」の社長に相談すると「赤字になるから、それはやめたほうがよい」と忠告されました。素人が考えるほどその運営は甘い世界ではなかったようです。

その代わり「番組の枠を買って、その枠の中で番組をつくればしたいことができる」とアドバイスを受けました。そういう経緯から、施設内のＦＭラジオのスタジオは、エアーステーションヒビキのサテライトスタジオという位置づけになっています。現在は各地に地域コミュニティＦＭ局がありますが、当時はまだまだ珍しい存在で、スタジオをもっている特養は全国どこを探してもありません。そういう話題性もあり、このことがまたメディアにも取り上げられるようになりました。施設内へのＦＭラジオのサテライトスタジオの設置は、予想以上に反響があったのでした。

福祉施設である特養内に設けられたＦＭラジオのスタジオは、自分の番組だけでなく、

認知症グループホーム入居者がパーソナリティのラジオ番組
『ラジオ・オレンジカフェ』

地域の人たちの情報や思いを発信できる場にもなり、施設とは関係ない人たちが、施設を訪れるきっかけにもなっていきました。また、ラジオの番組をつくろうと考える人たちは、地域の人たちへの影響力をもつ人が多く、その番組のゲストとして呼ばれる人たちも、何か世の中に伝えたいことをもつパワーがみなぎり輝いている人たちです。そのような人たちが、番組のために来訪するようになったのです。

このスタジオは現在、法人本部のある地域の拠点コミュニティとなっている福祉施設内に移設しており、平日の定期的な番組、イベント時の特別番組、そして、YouTube配信を始めたことをきっかけにラジオ以外での活用もしています。

番組は、さまざまなテーマを扱っています。法人の提供番組として2012年1月から続く、毎週水曜日午後3時からの『おやつの時間はもえもえ』という番組では、医療や介護、福祉のほか、地域情報を発信しています。「もえもえ」というのは、福岡県南部の方言で「分かち合い」という意味があります。

また、法人の運営する保育園の保育士さんによる番組や、認知症グループホームの認知症の入居者3人がパーソナリティを務める1時間の生番組を放送しています。いずれもアルツハイマー型の認知症を有する3人で、好きなように歌ったり、何度も同じ話をしたりするのですが、毎回ぶっつけ本番で生放送に臨みます。番組の台本などはなく、3人が思い思いの曲をかけたり、とりとめのない話をしたりするうちに放送が終わります。

3人のやり取りがかみ合わなかったり、同じ話が繰り返されたり、話題が突然飛んだりすることもありますが、それらはすべて想定内のことです。「分からない」「忘れてしまった」と言いつつ、「忘れるからいいんよ」とおたがいに楽しく会話を進めていく予期せぬ展開が、聴取者の心をほっこりさせたり、聴取者を笑顔にしたりしているようです。

ほかにも、地域の飲食店経営者やヨガ教室を営む方、声楽家や演奏家、アロマ空間デザイナー、地域のプロフットサルチーム「ボルクバレット北九州」のメンバー、農業を営む人、医師、大学生、地域の方や、企業、行政の方などさまざまな人たちが、来訪してスタジオから番組を放送しています。このような人たちは、なかなか福祉施設に来るきっかけがありません。番組を発信するために来訪し、自然な流れでラジオスタジオがある施設のこともほかの人に話してくれます。

また、普通は、介護施設で暮らす入居者は職員や家族以外の人と接する機会がほとんどありません。こうして施設自体をまちの中のようにすれば、地域の人が何か目的をもって訪れるため、入居者も地域住民の一人として暮らし続けることができます。このスタジオは、地域の人が何か目的をもって来てくれるための仕掛けの一つとなっています。

特養にあるスタジオの存在は、認知症の入居者の発信の場づくりだけでなく、介護職員や多職種の職員たちの頑張りを発信することができることも、ほかにはないメリットの一つです。介護の仕事は、自宅で子育てをするのに似ています。職員一人ひとりの考えは違うと思いますが、ともすると、引きこもってする仕事に近い部分もあります。そういう人たちのリフレッシュの場として番組づくりを活かせないかとも考えました。

ラジオに出る人の多くは発信力があります。そういう人たちが番組を通じて私たちの取り組みを紹介したり、番組を離れて口コミで外部に伝えてくれたりする効果は非常に大きいと思っています。

地域コミュニティFMラジオを運営するためのランニングコストは、購入している番組枠の費用です。1枠の費用×回数の単純計算です。ほかの出演者が独自の番組を流したいときは、私たちの枠を購入すれば済みます。

マルシェと同じように、私たちはラジオで収益を上げようとは考えていません。ラジオはあくまでも地域の人と人とをつなぐ手法の一つです。認知症の入居者が元気で発信したり、職員が日頃の思いを語ったりすることで元気になれば、私たちはお金には代えられないものを得られるように思います。

カフェは人と人とがつながる場

私の社会福祉法人は運営本部のある建物の1階と、そこから車で10分ほどの距離にある駅前商店街の一角の2カ所にカフェを開いています。前者は一般的なカフェレストランとして2014年12月に、後者は多世代交流のコミュニティカフェとして2015年10月に開設した施設です。グループ内のほかの施設と同様、2つのカフェはどちらも、人と人とがつながる場として運営しています。

運営本部のある建物にあるカフェは、社会福祉法人が運営する特養、短期入所生活介護施設、地域コミュニティFMラジオのスタジオと同日に開業しました。

営業時間は午前11時から午後5時までで、日曜、祝日は休業しています。建物の1階部分の半分ほどのスペースを占めています。カフェで供される飲み物や食事が充実していて、昼食時には日替わりのランチメニューも用意しています。

スペースにはステージを併設し、ドラム、グランドピアノや音響設備も備えているので、コンサートやピアノ教室の発表会、落語会、講演会などさまざまな催しもできます。

席数は30ですが、コンサートやセミナーを開くときにはテーブルを外すので、70~100人分の席を用意することができます。

設計段階では、もともとは入居者用のリハビリスペースとしていましたが、地域住民に喜んでもらえる施設づくりを目指したため、プロの料理人をうらやましがらせるような本格的な厨房《ちゅうぼう》機器を備えたカフェレストランとしました。

特養の中にあるカフェですが、地域に広く開放しているため、誰でも自由に利用することができます。昼時になると近隣住民やビジネスマンの姿を見かけます。自治会関係者やまちづくり協議会の方、近隣の学校の先生、近くの生涯学習施設や施設内5階のレンタルスペースで活動を終えた人たち、赤ちゃんとママも一息ついています。夕方近くになると、子どもの習い事が終わるのを待っているママや、幼稚園の子どもたちとママ友仲間もやって来ます。法人職員は割引料金で飲食することができます。

運営は業者に委ねるのではなく、すべて自前です。カフェのシェフは、ホテルや障がい者の事業所、自ら立ち上げたコミュニティカフェの運営を経験した職員です。このシェフの採用も、人と人とのつながりから生まれた縁によるものです。彼は料理人のかたわら、休日には市が運営している親子ふれあいルームでボランティアをするほどの子ども好きで、最近、独学で保育士の資格まで取得しました。

同じ1階のカフェで隔月開催しているのが「気になる子どもの相談カフェ」です。発達障がいやその疑いのある子どもをもつ保護者が、子育ての悩みを気軽に相談できるようにと、市とＮＰＯ法人、そして、私の社会福祉法人の三者の共催で２０１８年から始めました。同じ立場の女性相談員メンターさんや臨床発達心理士らとお茶を飲みながら不安や心配事を話し合うのが目的です。参加者は市が募集して、奇数月は私の施設での開催、偶数月は市内の別の区の会場で行います。

平日はざわざわしているカフェスペースも日曜、祝日の休業日は静まり返っているはずなのですが、地域で何もイベントがなければ、施設自体は開いているため朝から子どもたちの声でにぎやかになります。エントランスに向かうもやい通りには、子どもたちの自転車が並び、カフェをのぞくとゲームをしていたり、勉強をしていたりと、子どもたちが自由に過ごしています。なかには昼食持参の子どもたちもいます。

赤ちゃん、子どもたち、パパとママ、そして地域のシニア世代など多世代の居場所となっているのです。

駅前商店街の中にあるコミュニティカフェは飲み物や軽食などを提供するだけでなく、多目的に使えるコーナーをいくつか用意し、地域交流の場として運営しています。最初は、後継者問題などで客足が減少する商店街を活性化する取り組みの一環でもありましたが、今では、徒歩で坂を下りてくる方や、わざわざバスで出かけてくる方まで、このカフェで顔見知りになったシニアの方たちの一日を過ごす場となっています。

開店する頃やって来て、おしゃべりしたりお茶を飲んだりしながら過ごし、お昼時になると「ちょっと行ってくるわ」と出かけていき、ほかのお店で昼食や買い物を済ませ、「ただいま」とカフェに戻ってくるといった不思議な利用の仕方をしています。まるで、自宅のような感覚です。そして、私が行くと「お疲れさん」と声をかけてくれます。

このカフェが立地する商店街は、駅から放射状にアーケードが延びています。その中のいちばん大きなアーケードで月に一度マルシェが開催されていました。その日に合わせて、社会福祉法人が母体であるという利点を活かし、介護や福祉の専門職員が、あおぞら

駅前商店街でのあおぞら認知症カフェにて

認知症カフェ第1号である「黒崎まちなかオレンジカフェ」を開催し、高齢者や要介護者の介護や認知症の相談に応じていました。介護や認知症の悩みは一人で抱えるよりも知識や経験が豊富な専門職員に打ち明けることで楽になることから、ためらわずに相談に訪れてほしいと思っています。

２０１９年に、福祉施設のある敷地内の別の場所に「まちの保健室」を開設しました。体調に不安を感じたとき、診療所や病院に行く前に気軽に立ち寄り相談してもらうのが目的の一つです。もう一つの目的は、もっと地域の人たちに正しい健康や医療に対する知識を学んでもらうことです。「まちの保健室」がそのような場になればと思っています。一般的には、病気や健康についての正

駅前商店街の中のコミュニティカフェ

しい知識は、なかなか持ち合わせていないものです。健康なうちは、未病や健康に対する意識は低く、病気にならないためにはどうしたらよいのか考えながら生活をしている人は、周囲でも少ない気がします。生きていくための一般的な知識として、医療や健康について、もっと学ぶ必要があると思います。可能であれば、小さな子どもの頃から学んでほしいのです。それは、自分自身のことだけでなく、他人にも迷惑をかけずにすむことになります。未病に対する意識は大切です。喫煙に対する考え方、生活習慣の改善や定期的な健康チェックによって、病気の予防だけでなく健康寿命の延伸を図ることができます。健康であれば、みんなでお金を出し合って賄っている健康保険料や国民健康保険料も年々上げなくてすむかもしれません。私たちは、直接、制度を変えることはできませんので、地域社会のために私たちにできることをやります。それしかないのです。診療所や病院に行くまでもない一過性の症状の場合もあるため、まずは健康や医療の相談をしてもらえる場所として開設しました。

そんなことから始まった「まちの保健室」ですが、まちなかオレンジカフェのかたわらで、看護師や理学療法士が商店街に出向き、装置で体組成を測定し、そのデータを基に、健康状態や栄養状態をチェックして、相談者にアドバイスをしたり、健康長寿への意識を高めてもらうために、介護予防ケアトランポリンを体験してもらったりしていました。

アーケードの中での開催でしたが、設置したテーブルでは、人生会議（アドバンス・ケア・プランニング）をもっと気軽に考えてもらいたく、〝もしも〟の話、人生のすてきな最期を楽しく考えてみましょうと、千葉県にある亀田総合病院で緩和ケアや地域・在宅医療に取り組む医師たちが開発した「もしバナゲーム」というカードゲームを体験するといった企画もしました。

このまちなかオレンジカフェに合わせて、私の運営する事業所からは、「黒崎まちなか探検隊」と称して、買い物をするなど昔の懐かしい商店街のまち歩きを入居者に楽しんでもらう企画をしています。

あるとき、グループホームの入居者である女性Aさんが、このカフェでお茶を飲んでいると、通りがかりの男性高齢者が近寄ってきて、一生懸命に名前を呼びながら話しかけてきました。事情を聞くと、「Aさんは昔からの知り合いなんです。彼女は歌が上手で、とてもきれいな女性で、昔、好きだったんです。何十年ぶりだろう。まさか、ここで会えるなんて」と感動していました。施設に入居すると、このような偶然の再会はないだろうと思いました。

ただ、コロナ禍以降、まちなかオレンジカフェは再開できていないので残念ですが、代わりに商店街の一角にあるコミュニティカフェで行っています。

特養の1階のカフェの利用者で忘れられないのは、施設を開いて間もない頃に出会った高齢の夫婦です。近くに住むという二人は、奥様が病気で食事を作ることができなくなったため、朝食と夕食をカフェで食べさせてもらえないかというのです。できれば、カフェのメニューではなく、栄養のことも考えられているであろう特養の入居者用を出してもらいたいという希望です。

困り事の相談に「ノー」とは言えない性分の私は二つ返事で引き受け、その日から召し上がってもらう手はずを整えました。二人は毎日、必ず同じ時間に訪れ、楽しそうに食事をしていました。毎日の会計は煩わしいとの申し出を受け、一種の回数券を用意し、まとめて支払ってもらえるようにもしました。

すっかりカフェの常連になられたと思われた矢先、ぱったりと二人の姿を見かけることがなくなりました。それからひと月あまりして、一人で来たご主人から、奥様が亡くなったことを知らされました。それ以降、一人で朝夕の食事をカフェで召し上がっていたのですが、ほどなく遠方の息子さん一家と同居することになり、私たちとの縁は途絶えました。このようなことも、福祉施設だからできたのではないかと思っています。

これからも、特養の建物に入っているカフェレストランも駅前商店街のコミュニティカフェも、一人住まいの高齢者や子育てに悩む若い母親、地域の子どもたち、誰もが気軽に立ち寄れる居場所として活用されることを願っています。

子どもボランティアの受け入れ態勢の構築

私の社会福祉法人が毎月催しているマルシェの来場者の中心層は小学生です。開催当日は開始時間を待たずに何人もの小学生が会場を訪れます。たいていは連れ立って建物周辺にたむろしたり、建物内のブースをのぞいたりしています。目的の商品を見つけてすぐに帰る子どももいれば、一つひとつの店をじっくりと見て回る子どももいます。

マルシェが回数を重ねるごとに地域から認知され、親も子どもを安心してマルシェに送り出すようになると、子どもたちをただ来場させるだけでよいのだろうかという素朴な疑問を抱くようになりました。もちろん、学校に行かなくてもよい日の開催ですから、子どもたちが来ることでにぎわいは増すし、入居者との交流も生まれるので来場は大歓迎です。

しかし、ただ遊んで帰らせるだけでは、せっかくの子どもたちのパワーの使い方がもったいないのではないかと思うようになったのです。そこで、子どもたちに声をかけて、何か一つ地域のためになることをしようと呼びかけてみました。好奇心が芽生える年頃なので、彼らはなんにでも興味を持ってくれます。

こうして、建物の隣接地にある畑で芋の苗を植えたり、歩道の落ち葉を掃いて集めたり、特養の入居者のおやつのお菓子作りをしたりする作業をボランティアとして手伝ってもらうことにしました。ただ、そのうち飽きてしまうのではないかと思い、この活動を継続していくために、一方的に関わってもらうだけではなくポイントカードを作ってスタンプを押すようにしました。

仕事の内容や稼働時間にかかわらず、参加するとスタンプが1個もらえます。スタンプがいくつかたまると、カフェでソフトクリームやジュースを楽しんだり、文房具と交換したりすることができます。現在、参加している子どもたちは50人を超えました。

やがて彼らが中学生となり、高校生、大学生へと成長するにつれて、マルシェだけでなく、私の社会福祉法人が関わっているような分野の、ほかのボランティア活動にも参加するかもしれません。このような活動は、長い目で見れば地域共生社会の実現に向けた取り組みの第一歩となるのではないかと考えています。

赤ちゃん職員の採用

私の社会福祉法人の特養に採用されている最高齢の職員は、2024年9月現在で85歳です。なかには、高齢の職員が脳出血によって麻痺《まひ》が残り、要介護2にまでなったものの、「リハビリのために働かせてほしい」と施設で働き、介護度が下がったというケースもあるほどです。また、年齢には制限を設けておらず、最年少の職員は、0歳の「赤ちゃん職員」です。赤ちゃん職員の仕事は、公園でのお散歩と同じように、特養の中をご機嫌の良いときに、ママと一緒にお散歩することで、これをしなくてはならないとか、こうでなくてはならないといった制限は特に設けていません。

そして、給与は紙おむつや粉ミルクとなっています。給与以外には、ママにカフェでのコーヒー券の支給と、ポイントカードへのポイント付与を行っています。そのポイントが6つたまると、5階のレンタルスペースで開催している「お昼寝アート」と呼ばれる赤ちゃんの写真撮影に参加することができます。

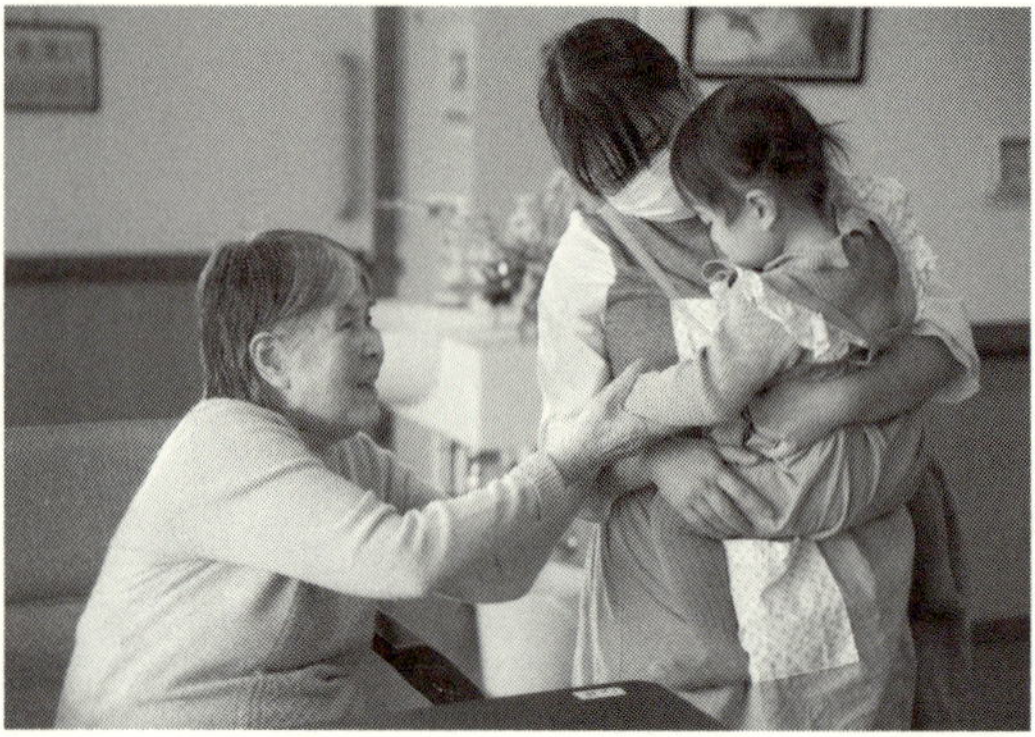

赤ちゃん職員

採用年齢は、0歳から3歳までの赤ちゃんで、言葉をうまく話せないという条件があります。言葉が上手に話せるようになったら、早期退職してもらうこととなっています。なぜなら、言葉を発することが難しくなった要介護状態の方や認知症の方にとって、赤ちゃんとの言語によらないノンバーバルコミュニケーションのほうが、都合が良いからです。たがいの表情や触れ合いという非言語のコミュニケーションによるやり取りは、介護に携わる職員の生きた教材です。言葉を話しだした赤ちゃんはかわいいには違いないのですが、意思もはっきりし始めますし、なぜなぜ期に突入した赤ちゃんの相手は普通の大人にとっても大変です。

この乳幼児が勤める赤ちゃん職員制度は私の社会福祉法人が進めている独自の取り組みです。

きっかけは、私の娘が育児休業中に、子どもと一緒に一日中家に閉じこもっていても仕方ないからと、孫を施設に連れてきたことでした。生後1カ月になる孫を見た入居者は、どの人もみんな喜び笑顔になります。身動きが不自由であるにもかかわらず、遠くから孫を見かけ、車いすを操って懸命に近寄ろうとする入居者もいます。当然のことながら、生後間もない孫と入居者の間にはまともな会話はありませんが、入居者の多くは穏やかな表情になり、また、笑顔になります。「かわいい、かわいい」と涙を浮かべる人もいます。たった一人の赤ちゃんがいるだけで、施設内の空気が変わってしまうことに驚き、私までもがうれしい気持ちになりました。

何もできないように見える赤ちゃんですが、笑っていても泣いていても、ただそこにいるだけで、たくさんの人を笑顔にします。そして、赤ちゃんは、周囲のたくさんの人から「かわいい、かわいい」と、優しい言葉をシャワーのように浴びます。

出産後ほとんどの時間を自宅に引きこもり、初めての慣れない育児をしている母親である娘にとっても、連れてきた我が子がたくさんの人から笑顔で褒められてうれしい気持ちになったことでしょう。

娘が妊娠していた期間は、ちょうど新型コロナウイルス感染症が蔓延《まんえん》していた時期と重なるため、産婦人科での母親学級なども開催されず、同じように出産を前にしたほかのママたちと出会うチャンスもありませんでした。ですから、通常よりも閉ざされた環境の中で、出産と育児を余儀なくされていたのです。私自身もまったく身寄りのない土地で、一人不安を抱えながら妊娠、出産、育児をしてきたので、娘の気持ちは想像できます。

結局、孫は生後1カ月から保育園に行くようになるまで、ほとんど毎日、施設に通ってきました。施設の1階はカフェレストランや地域交流スペースがもともとあったので、施設に通うことに抵抗を感じることはなかったようです。

そして、孫の姿を見ると、施設への来訪者も入居者も笑顔になり、時には声をかけてきて新たな交流が生まれます。そういう光景を前にして、「赤ちゃんとの触れ合いが多くの人の気持ちを和らげること」「子育て中の母親にとって、ほかの人とのつながりができ居場所になること」「たくさんの笑顔や優しい言葉をかけてもらえることは赤ちゃんにとっても良いこと」、つまり、これは高齢者にとっても子育て中のママにとっても、さらには赤ちゃんにとっても良いことではないかと思ったのです。そして、赤ちゃんを連れたママたちが気軽に施設にやって来てくれたら、孤立していた産後のママたちは、子育てを共有できるママ同士のつながりをつくることもできるのです。

何もできないように見える赤ちゃんでも、高齢者を笑顔にするという立派な仕事をしているのです。そこで、入居者の癒やしを職務とする赤ちゃんを「赤ちゃん職員」として採用することにしました。早速チラシを作成し、1階カフェに掲示したりSNSで発信したりしました。希望者は、まず、ママと一緒に面接をします。そのとき、業務説明をして雇用契約を結びます。最初の数カ月の登録者数は穏やかに移行していましたが、半年もすると少しずつ赤ちゃん職員が入社してきました。現在は90人ほどの登録があります。

応募してきた若い母親の中には、ご主人の仕事の都合で県外から引っ越してきた人がいます。彼女たちに共通するのは、子育ての悩みや心配事などを気軽に相談できる親しい友達がいないことです。これは私が直面したのと同じ状況で、一つ間違えば孤立する可能性をはらんでいるともいえます。これを機に、建物の中に授乳室やもともとあった赤ちゃんが遊べるコーナーを拡大し、母親たちが交流するための受け皿も整えました。

赤ちゃん職員の仕事は、ただ施設内を散歩することです。その様子を見た入居者に声を掛けられても、特別何かをする必要はありません。自然な出会いの中で顔見知りになり、いつの間にか親しくなっているような関係を築くことができればよいと考えています。

赤ちゃん職員の仕組みをつくるにあたっては、労務担当の事務職員が最低賃金の心配や労働基準局への届け出はどうすればよいかなどと真剣に悩む場面もありましたが、無論、そうしたことは杞憂《きゆう》に終わっています。こまごまとした勤務体制もありません。赤ちゃんの機嫌が良く、母親の都合がつくときのみの出勤です。ですから、偶然赤ちゃん職員が10人集まることもあれば、1人も集まらないこともあります。

ただ、せっかくできた母親と赤ちゃんそれぞれの縁をつなぐため、隔月で現役の赤ちゃん職員交流会を開いたり、退職者の集まる不定期の同窓会を催したりもしています。

赤ちゃん職員の活動は、新型コロナウイルス関係の取材に来ていた地元テレビ局が、赤ちゃん職員募集の掲示物を目にして取り上げてくれたことから、その放送された翌日には、東京の民放キー局の一つが番組で取り上げてくれました。それを端緒に、アメリカのCNNやニューヨーク・タイムズ、フランスのAFP、そして、フランス、ドイツ、ブラジルの各国テレビ局からもカメラが入り取材を受けました。またNBCの朝の番組から取材を受け、全米で紹介されました。その後2年経過してからも、ドイツ公共放送局ARDから取材を受けました。そのときは、赤ちゃん職員のことと、認知症の高齢者がパーソナリティを務めるラジオ番組が施設内のスタジオから放送されていることが取り上げられました。

まさか、それらが世界中で話題になるほどのこととは思ってもいませんでしたが、多世代が同じ場所にいることや交流することは、少子高齢化社会である今の世の中が求めていることなのかもしれません。

赤ちゃん職員として働いた彼らには、退職後も施設にいつでも来てもらい、成長に合わせた居場所として活用してほしいと思います。そして、またいつの日か介護や福祉に興味をもち、誰かのために働くことに喜びを感じてくれるような大人になってほしいと願っています。

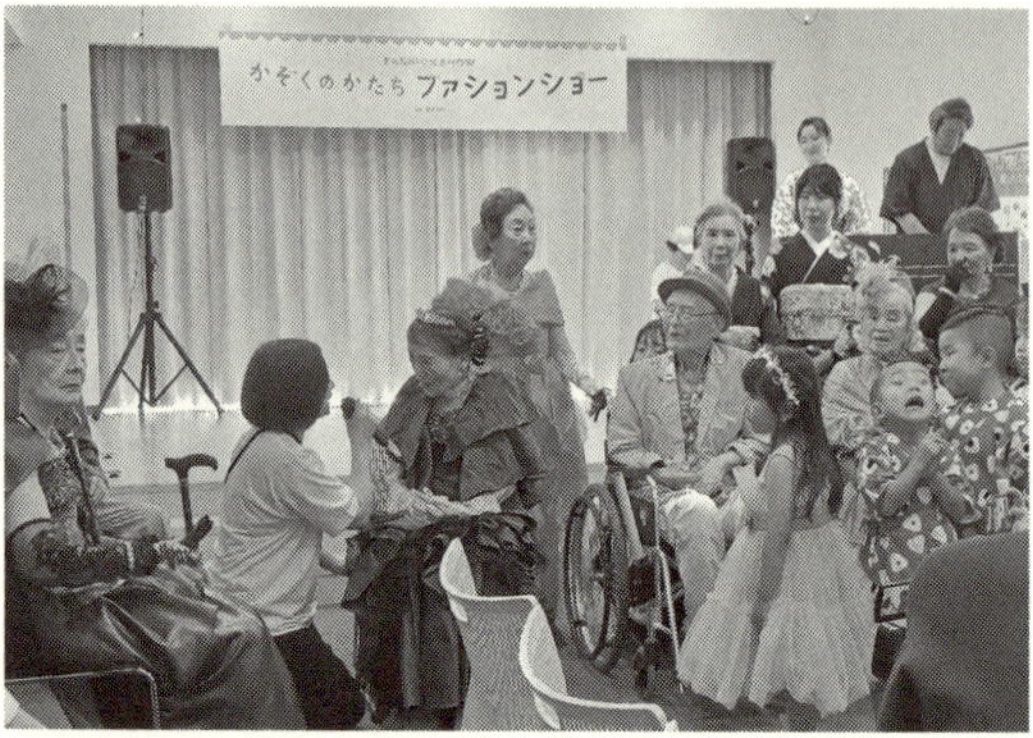

かぞくのかたちファッションショー

〝社会とつながる〟ファッションショーや推し活

特養に入居している高齢者の心を和ませたり、いきいきとした気持ちにさせたりするのは、赤ちゃん職員だけではありません。私の社会福祉法人では、日常的に多世代と交流する仕掛けがあり、非日常を楽しめるようなことを毎日のように企画しています。

1つ目は、入居者を対象としたファッションショーの開催です。以前は、自前企画でボランティアのメイクさんが手伝ってくれたり、市内の結婚式場が無料でドレスを貸してくれたりして定期的に開催していました。最近では、地元のマンションや戸建てなどの住まいに関わる企業・大英産業株式会社が地域貢献活動の一つとして主催者となり、「かぞくのかたちファッションショー」と題して企画してくれます。モデルの選出は、自薦、他薦によります。家族と本人から同意を得ると、一人ひとりから聞き取り調査をしていきます。この世に誕生し今に至るまでの人生を、担当の方が丁寧にヒアリングしてくれます。若い頃の苦労話やご主人との出会い、かなわなかった夢の話など、聞いているだけでも感動する内容で、人の人生はそれぞれ物語だなと思わせられます。

その物語をもとに、その方に合った衣装を選びますが、着脱しやすい軽い特別なものを用意します。そして、大学生や介護美容研究所の方、多くのボランティアの方たちによって華やかに開催されます。初回のモデルは、78歳～95歳の要介護の入居者でしたので、どうなることかと心配していた職員もいましたが、お気に入りの曲をBGMに、ドレスや和装など思い思いの衣装でいきいきとランウエーを往復していました。MCをしてくれたのは、地域で活躍するプロの音楽家ミッチーノ&サチご夫妻で、ボランティア同然でユーモアたっぷりに、歌唱を交えて盛り上げてくれました。第2回のときには、北九州の成人式で有名な衣装の「みやび」さんが、貸し出しをしてくれました。

ファッションショー当日は、子どもたちによるダンスもあり、入居者の家族も応援にかけつけて、笑顔がいっぱいの温かな一日となります。さすがに私の社会福祉法人の力だけではできないため、社会貢献活動の一環と考える地元の企業の支援を受けられていることはありがたいことです。

非日常的な世界のファッションショーとはまた違いますが、日常的に高齢者の気持ちを高めているのが、入居者の孫ほどの年頃の青年たちの存在です。私の社会福祉法人がある北九州市には、サッカーや野球、ソフトボールなどプロのスポーツチームがいくつかあります。そのうちのフットサルチームである「ボルクバレット北九州」を創設時から応援しており、選手の生活支援の一環として、多いときには10人以上の選手を職員として雇用しています。彼らは普段、特養のユニットに入って入居者のレクリエーションや生活支援の仕事をしていますが、午前中の練習時や試合の日は休みを取るという変則的な形態で働いています。

彼らは若いばかりでなく、礼儀正しく誠実で、さわやかなスポーツ選手なので、女性入

職員として働くフットサル選手に推し活

居者の何人かは熱心に「推し活」しています。不思議なことに、ウキウキ、ワクワクする気持ちが精神面に作用するのか、推し活に励む女性はそろって元気です。ホームゲームがあるときは、可能な限り、やはりファンとなっている職員たちが、希望する入居者を引き連れて試合会場に足を運びます。彼女らは、日頃から応援のための練習にも熱心に取り組み、応援のための小道具づくりにも励んでいます。

彼女たちにとって、日々の応援練習はリハビリとなり、小道具づくりは心をときめかせるきっかけになります。試合観戦は目的のある外出機会です。これらは、社会とつながる機会の一つにもなっていると感じます。

施設に入居すると「何も予定がない」「何もすることがない」といった、そんな毎日が一般的のようです。そのような中で、日常的に、また、非日常的に楽しい未来があることは、今日を生きる活力にもなります。多くは紹介できませんが、選挙における不在者投票所の設置や、地域イベントにおける入居者のeスポーツチームの結成なども、「今日行く（教育）」「今日用（教養）」の一つです。職員にとっても、携わることに意味があるため、気持ち良く仕事に向き合っていくことができます。

介護事業所と子どもたち

私の社会福祉法人は運営本部がある特養の敷地内と、車で10分ほどの距離にある介護施設に隣接したところの2カ所で市の認可保育園を運営しています。前者は２０１８年、後者は２０２０年の開設で、いずれも0歳から2歳の子どもたち19人を定員とする小規模保育事業所です。後者の保育園については、もともと２００４年に介護事業を始めたときに、今と同じく多世代ごちゃまぜにしたいという思いと、子育てをしている職員にとって働きやすい環境をつくりたいという思いから、事業所内保育所としてスタートしたのでし

施設は子どもたちの居場所

た。

特徴として、2つの保育園はいずれも高齢者と子どもが共存する保育園です。前者は特養やショートステイ施設などが入る建物と同じ敷地内でいつでも行き来できる場所にあります。ですから、子どもたちが施設のフリースペースに遊びに行ったりするなど、自然な形で子どもたちの声が耳に聞こえ、高齢者と日常的に接する機会があります。

後者は、1階にデイサービス、2階にグループホームがある建物内の1階に、庭を囲むようにしてあります。前者と同様、デイサービスを利用する高齢者は、園庭で子どもたちが遊んでいるところを壁1枚隔てたスペースからいつでも窓越しに見ることができ、触れ合う機会はふんだんにあります。同じ建物を利用しているため、まさに「一つ屋根の下」で高齢者と子どもたちが存在しているわけです。

私が運営するほかの事業所や施設も同様です。ほかには、特養施設内に放課後等デイサービスがあったり、サービス付き高齢者向け住宅（サ高住）で大学生を住まわせる「多世代共生ひとつ屋根プロジェクト」をしたりするなど、常に多世代がシームレスで交流できることを目指しています。

過去にも、地域の自治区会から依頼されて、認知症グループホーム内で学童保育の受け入れをしていたことがあります。高齢者も子どもたちも良い関係を築いていましたし、何の問題もないように思え、むしろ良い事例かと思っていましたが、半年もしないうちに市役所の介護保険課からダメ出しがきて止《や》めざるを得なかったのでした。理由は、「子どもたちが感染症をもってきて、高齢者にうつったらどうするのか」「子どもたちがぶつかって高齢者が怪我《けが》をしたらどうするのか」といったことでした。

実は、現在の小規模保育事業所の開設のときにも同じようなことがありました。デイサービスと保育園は、庭を共有するような建物の造りになっていて、高齢者が利用するデイサービスの部屋からも、園児が過ごす保育園からものぞめる中庭があります。滑り台や砂場、水飲み場があるので、子どもたちはそこで元気に遊びます。高齢者はデイサービスの部屋や、棟続きのリハビリルームなどから子どもたちの様子を眺めることができます。

その共有している庭について、介護保険課からデイサービスと保育園を分ける仕切りを設置するように言われたのです。そうすることの合理的な理由が分からない私に説明されたのは、「感染の恐れがあるばかりでなく、子どもが高齢者にぶつかると危ないから」というものでした。このとき、保育課からは特段の指導はありませんでした。

介護関連に携わる既存の施設に保育園を組み込む案は、多世代のごちゃまぜを意図したものですが、行政には行政の論理が働くことを身をもって知りました。

こうして、リスクを避け管理をしやすくするために縦割りとなり、生きる場所さえも世代縦割りとなってしまったのでしょう。そのようなこともありましたが、私は、あえて高齢者と子どもたちとが、ごちゃまぜになるように考えているのです。高齢者は高齢者だけ、子どもたちは子どもたちだけで過ごすのではなく、たがいが歩み寄る地域共生の姿を具体的な形で示したかったからです。

核家族化が進む一方、戦前のような大家族世帯が大幅に減ったことにより、祖父母、両親、子どもという親子3代で暮らす家族は少なくなってきました。

つまり、子どもたちにとっては高齢者と接する機会が非常に少なくなりました。年をとると耳が遠くなるとか、目が見えにくくなるとか、足や腰が悪くなるとか、そのようなことも子どもたちが生活の中で知る機会もなくなってしまいました。ましてや、車いすを必要とする人に接したり、実際にそれが使われる様子を間近に見たりする機会もありません。

子どもたちにとって、年老いていくことを小さな頃から間近に見て感じ、どう接すればよいのか自然と身につけることも大切だと思います。そして、高齢者にとっても、感染などを気にする前に、子どもたちと関わることによってどれほど多くの笑顔や元気を受け取ることができるのか気付いている人もいるでしょう。

ですから、私の運営する施設では、日常だけでなく、ひな祭りや七夕など、四季折々の行事で使う飾り付けや準備などもできるだけ多世代で行うようにしています。

そもそも高齢者と子どもたちやほかの世代の人たちを分ける必要はないと思いますし、

多世代がごちゃまぜでいることのほうが、当たり前で自然な姿ではないでしょうか。それが、これからの地域共生社会の姿でしょう。

福祉施設は子どもたちの学びの場

私の社会福祉法人の多世代交流の仕掛けの一つに、子どもたちの学習の場としての施設の提供があります。職業訓練校や大学生のインターンシップ、市の企画の「ＫＩＴＡＱＳＨＩＰ」での学生の受け入れ、また、小中高校生の授業の一環の総合学習や職場体験への協力をしています。そして、職員の子連れ出勤を可能としていることに加えて、年に1度のイベントとして、子どもたちの職場来訪日を夏休みに企画しています。その日を私たちはファミリーデイと呼んでいます。

学校の授業での職場体験などでは、法人の理念や施設案内などのあとに現場職員がほとんど担当して、人生の先輩である高齢者の生活のお手伝いとして、介護の楽しさを学んでもらっています。核家族化の進行で普段、高齢者と接する機会の少ない子どもたちにとっては、どれも新鮮な気持ちで向き合えているようです。

時には、感染対策の手洗いチェックやおやつ作りのほか、高齢者の疑似体験もしてもらいます。高齢者の疑似体験や手洗いチェックは、市から借り受けた「疑似体験セット」やブラックライトが内蔵された「手洗い教材」を活用しています。

疑似体験は、高齢者になるとどんなことが起きるのか、何が不自由になるのかといったことを子どもたちに実際に体験してもらうのが狙いです。

例えば、歩行が困難になる重い装具を身に着けると、普段の速さでまっすぐ歩くことが高齢者にはどんなに大変なことかを子どもたちは身をもって実感します。また、白内障になったときの視界を想定した眼鏡をかけることで、ものが非常に見づらくなることを自らの不安な体験として記憶にとどめます。

こうした経験を通して、子どもたちが高齢者に対する見方を変えるきっかけになったり、優しい気持ちで接するようになったりすればよいと考えています。

新型コロナウイルス感染症が蔓延していた時期には、現場でも感染対策の大切さを学ぶための手洗い実習などに注力していました。手洗いを怠ったために感染症にかかり、命を

お月見茶会で子どもたちもお手伝い

落とすこともあるため、新型コロナウイルス感染症の扱いが2類から5類に移行してからも日常的な心がけとして啓発活動を徹底しています。

この実習では、手洗いが感染対策の基本になることを手洗いの有無と死亡率のデータなどを交えて説明し、正しい洗い方の手順を教えます。その後、実際に手洗いをし、汚れの残っている部分の色が浮き上がって見える装置に手をかざして、しっかり洗えているかどうかを確かめます。自分はきれいだと思っていても、色が浮き上がっているところにはまだばい菌がついているということを実体験として学べる点で、非常に説得力のある仕組みだと思います。

また、施設内の茶室を利用して行われる月2回の茶道教室は、日本の伝統文化を知る活動として興味をもたれているようです。私が茶道をしていることもあり、師匠の声掛けで中学校に出向いて日本の伝統文化を学ぶ授業でのお手伝いをしたり、私の施設でのお月見茶会などのイベントには、高校の茶道部の子どもたちが手伝いに来てくれたりもします。

コロナ禍で、いろいろな時間が止まっていたときに、世界を旅して生きる力を身につける全寮制のオルタナティブスクールであるインフィニティ国際学院という高校から声をかけられ、その時期に高校生を2回受け入れたことがあります。

本来なら世界中を旅しながら高等学校の単位を取得し卒業していくはずでしたが、世界中がパンデミックの中、海外渡航が難しかったため、この学校は日本国内を北から南下しつつ全国の社会課題を学ぼうという方向に切り替えたのでした。特定の場所にとどまらず、校舎ももたず、各地を旅して単位を取得するこの高等学校の生徒を1カ月間受け入れたのです。

私の法人の運営する福祉施設の中でのテーマは、「命を学ぶ」でした。北海道から始まり、全国を巡る旅を続けてきた高校生たちは、各地で農業や漁業、ピザ窯づくりや無人島体験などさまざまな学びの場の中で、「命」と題して、私の社会福祉法人を選んでくれたのです。

子どもたちは1カ月のうち約半分を、私も関わったプロジェクトで再生した市内の古民家で宿泊し、自然の中で過ごしたあと、「命を学ぶ」というテーマで、特養で過ごしました。人は老いて弱っていくこと、そして誰しも命は終わりの時が来ることなどを現場に入って学びました。終末期に入っている特養の高齢者と接したり、さまざまな手伝いをしたりする中で、私たちの取り組みをつぶさに見てもらいました。普段あまり関わる機会はないであろう福祉や介護の現場を見せ、高齢者のおむつ交換に立ち会わせたり、食事の介助を見守らせたりしました。そのうえで、彼らが何を感じ、何を問題とし、それを解決するにはどうすればよいかといったことを2チームに分かれて考える授業に、施設を役立ててもらいました。

こうした授業を受け入れたのは2回だけでしたが、生きていくうえでとても大切なことを学び、生きる力となったのではないかと、卒業生の活躍を見ていると感じます。

次代を担う子どもたちに学びの場を提供することは、それに携わる職員の意識にも変化をもたらしたように感じます。子どもたちは素直な目で社会福祉の一端に触れ、成長していきます。それをサポートすることで、自らも成長していくことにやりがいを覚える職員は少なくありません。

私の社会福祉法人の事業所では、職員の子連れ出勤を認めています。最近では、子連れだけでなく、おばあちゃん連れ出勤も認めています。育児休業が明けると、職員たちは復帰のタイミングを見計らって、プライベートでも仕事上でも準備を進めていきますが、生まれてきた赤ちゃんを保育園に預けて仕事に復帰することは、母親にとっても赤ちゃんにとっても大きな変化があります。やはり、親子ともに慣れるまでは、負担のないように徐々に無理なく進めていってもらいたいものです。そのほうが、長続きしますし、仕事も子育ても楽しんでほしいのです。もちろん、時短勤務の制度もありますが、心配や不安なく楽しんでほしいという応援の意味も込めて、子連れ出勤を認めています。

子連れ出勤をすると、どうしても業務効率は低下しがちにはなります。ただ、赤ちゃんのもつ力は、現場を明るく笑顔にします。特に、介護現場などは、入居者を笑顔にするといった効果もあるので、1人職員が増えたくらいに考えてもよいのかもしれません。

職員の子どもたちに対しては、子連れ出勤の有無にかかわらず「ファミリーデイ」と称した、施設で過ごせる日を夏休みに企画しています。30年前の起業の頃は、職員や子どもたちとともに海へ行ったり、バーベキューを企画したりもしていましたが、今ではこのかたちに落ち着いています。何より、子どもたちが自分のパパやママが職場で頑張っている姿を見られることはとても貴重なことです。

ファミリーデイの日は、最初に子どもたちでおやつのお菓子を作るなど、一緒に作業をしてもらい仲良くなってもらいます。そして、チームをつくってスタンプラリーを行い、施設内をクイズとともにくまなく回ってもらいます。途中、入居者に質問しなくてはならないクイズも織り交ぜています。

また、あるときは九州工業大学スマートライフケア共創工房の柴田智広教授が支援されているTANOTECH株式会社の非接触・非装着型の運動トレーニング（ゲーム）装置「TANO」を子どもたちに体験してもらい、高齢者疑似体験を行ったあとに、特養のユニットに出向き入居者たちとの手作りゲームを楽しみました。最後は、スイカ割りで締めるといった楽しい一日を過ごしました。

私が、グループで展開しているさまざまな施設に子どもが出入りし、高齢者と触れ合える仕組みを整えているのは、子どもたちを社会で育て、多世代で交流することこそが子どもたちをのびのびと育むと信じて疑わないからです。

子ども食堂は食を通して人と人をつなげる場

2012年頃から日本で広がり始めた「子ども食堂」ですが、この取り組みは、地域のつながりを深めることや子どもたちの孤食防止などを目的としています。貧困家庭か非貧困家庭なのかは、関係ないものと考えています。

私は、社会福祉法人の創設直前の2010年に提出した特養の公募の提案書に「高齢者や子どもたちと家庭科クラブを立ち上げて、一緒に食事を作ったり食べたりするような場をつくる」と書きました。これは、隣接する小学校に通う子どもたちを対象として考えていましたが、実現しないままとなってしまいました。

現在は、運営本部がある建物内1階のカフェレストランと、駅前商店街で運営している

子ども食堂では自分たちで調理

コミュニティカフェの2カ所で「子ども食堂」を運営しています。子ども食堂というと、孤食の解決策として自治体やNPO法人などが主体となって運営する食事支援を思い浮かべがちですが、私の発想は少し違います。

栄養バランスの取れた食事を無料で提供するとともに、子どもたちが安心して過ごせる居場所を提供するという点では似ていますが、貧困家庭や孤食の子どもたちへの支援を前面に打ち出しているわけではありません。

私は、2016年から2017年頃、主に大学生と一緒に「Theメシ部」というご飯を一緒に作って食べるという会を開いていました。ここでの食材の代金は、参加する大人たちが負担し、調理はみんなで分担して行います。多世代での語り部の会といった感じで毎回のテーマも成り行きで、みんなで大合唱をすることもありました。ともに食事をすることは、人と人との垣根を取り払い初めて出会う人とも打ち解けることができます。時には少し硬い話題で議論したり、会議の場として使ったりすることもあります。

そのうち、大学生ばかりでなく、高校生も参加するようになり、集まる年代も広がりました。初めは他地域で開催されていた会に参加していたのですが、地域共生社会を築くという目的に照らせば、私の組織ですべきだと考え、対象も子どもたちにまで広げました。

両親が共働きのため、子どもがひとりご飯だったり、遅い時間になったりといった話も耳にし、どうせ食べるなら、ただ胃袋を満たすためだけでなく、大勢で食べることの楽しさを知ってほしいということから、私たち流の子ども食堂が生まれたのです。私は、子ども食堂を多世代が集う地域住民の交流の場にしたいと思っています。

新型コロナウイルス感染症が蔓延する前は、子ども食堂で使われる野菜は、施設の畑で収穫したものを使っていました。施設の畑は、放課後等デイサービスの利用者も通学する特別支援学校の農耕班の生徒たちも、定期的に関わってくれているほか、子ども食堂に来る子どもたちにもお手伝いをしてもらっています。野菜の苗の植え付け、草取り、水やり、収穫などに関わり、収穫後は、子ども食堂の当日に、子どもたちも一緒に調理しそれを食べるといった過程となっています。ただ単に食べるだけでなく、食育といった観点から多世代で取り組んでいます。

駅前商店街の中にあるコミュニティカフェでの子ども食堂には、立地の関係で、複数の保育園や幼稚園、小中学校に通う子どもたちがやって来ます。大人が一緒にということも多く、80人前後の人たちが入れ代わり立ち代わり入ってくるので、小さなカフェは、いつもごった返しています。そんな中を、最初は、法人の職員2、3人でやっていましたので、とても大変でした。しかし、最近は、ボランティアでお手伝いをしてくれる人が増えて、とても助かっています。ボランティアは、高校生が来ることもありますし、三菱ケミカルや安川電機未来クラブなどの企業の方や、警察署の方などが来てくれます。最近は、社会福祉法人だけでなく、民間企業も社会貢献活動を意識し始めてきており、とても良い傾向だと思いました。

最終的には、行政が税金を使って関わっている地域活動を民間企業などに任せて、その分、活動に応じて企業の市県民税などを減額すればよいのにと思いました。

駅前商店街のコミュニティカフェは、住宅地に運営本部のある福祉施設の中の子ども食堂とは、少し趣が異なります。企業ボランティアの方が多いことも特徴の一つかもしれません。それぞれ少しの違いはありますが、どちらも子ども食堂を媒介にしてさまざまな人たちが自分の意思で思い思いに集まり、人と人とのつながりを広げていっているようです。

やはり、何もないところからは何も生まれません。子ども食堂という仕組みがあるからこそ、人が集まり、活動が生まれ、地域のにぎわいづくりに一役買っているのではないかとみています。

子ども食堂の財源ですが、利用料金は大人が300円で子どもは無料としています。食材は畑の収穫だけでは賄えないため、市が管理している「子ども食堂ネットワーク北九州」に企業や農家、飲食店などから寄付されたものが分配されたものも活用しています。

子ども食堂は、現在、全国でその活動が広がっていっています。もともとは帰宅すると家族は留守で、近所のおばちゃんから声をかけられ家に上がり込み、おやつやご飯を食べていた、子ども食堂はそんな居場所の代わりになるものかもしれません。そんなことを考えると子ども食堂は、町内に一軒あってもよいくらいだと思います。しかし、誰もが大忙しの現代において、その実現は難しいかもしれません。

ただ、私の場合は、初めに子ども食堂ありきではなく、食を通して多世代が気兼ねなく言葉を交わし顔見知りになる仕組みを探っていったら、子ども食堂に行き着いたという感じなのです。

モバイル屋台の目指すこと

職員と地域の人たちとたがいに顔の見える関係づくりとして、2019年秋に立ち上げたのが「モバイル屋台」活動です。新型コロナウイルス感染症が蔓延したため、やむなく中止に追い込まれたものの、機会があればぜひ復活させたいと願っています。

私の法人には施設の職員配置基準などもあり、看護師や介護士、理学療法士、ケアマネジャー、管理栄養士といった有資格者が数多くいます。そういう人たちが建物の中でだけ働くのではなく、街角に出向いて健康や介護に関する地域住民の相談を受けたり、啓発したりすれば職員と地域の人たちとのつながりを深めることができるのではないかと考えて

モバイル屋台と子どもたち

企画したのが、「まちの保健室」だったり「認知症カフェ」だったりします。

ただ、そういった活動のほとんどは、どうしてもこちら側に相談に来てくれる人への対応となります。日頃、地域を車で走っていると、時折、子連れで疲れたように歩いているママや、大きな買い物袋を両手に提げてきつそうに歩いている高齢者の姿を目にします。そんなとき、もし私が車ではなく歩いていたら声をかけられるのにとか、荷物を持ってあげられるのにと思うことがあります。

そこで思い付いたのが、ラーメンの屋台のようなものを引きながら、まちをゆっくり歩いてみてはどうかということです。屋台には、駄菓子などを載せ、座って休憩しながら話ができるように小さないすも備えます。職員とそんな屋台をつくりたいねと話していると、たまたま東京で似たような活動をしている人がいることを聞いて参考にしました。

ただ、屋台のつくり方も分かりませんし、屋台そのものは思った以上に高額で、どうしようかと考えていました。

ある日の夕方、あるサイトからダウンロードした屋台の写真を手に持って、友人との約束の時間まで少しあるので、一人でカフェのカウンターに座っていました。すると、隣に座っていた若い男性が、その屋台について尋ねてきました。私が、こんな屋台をつくりたいといった話をすると、とても簡単そうに「それ、僕、つくれます」と言ったのです。そこから話はとんとん拍子に進み、1カ月後には念願の屋台を手にすることができたのでした。その若い男性は、私の施設と同じ地域で住宅建材業を営んでいる方だったのでした。その方が、わざわざ時間をつくり材料を持ってきてあっという間に製作してくれました。私たちは、ワクワクしながら木材をペンキで塗ったりしました。人との出会いやご縁は、面白いものです。

注連縄づくりに入居者も参加

そして、念願の屋台を引いて施設から目指す市民センターまでの道のりを、通りすがりの人に話しかけたり、話しかけられたりしながら練り歩きました。あるときは、毎年つくっている地域の神社の注連縄《しめなわ》づくりが最終段階に入るとのことで、たくさんの子どもたちとともに、畑で収穫したサツマイモを焼き芋にして屋台に詰め込み、まちを練り歩きながら神社まで持って行きました。そして、注連縄の最後の仕上げを子どもたちとさせていただき、神社の注連縄をつくってくださっている地域のお世話役の方々と焼き芋をおやつにして記念撮影をしてもらいました。子どもたちにとっては、貴重な経験となりました。

同じ地域の中に、見守り付きの市営住宅があります。そこの住民は、高齢化していて健康に不安を抱える人たちがたくさんいます。そこで、月に1回のペースで、看護師や理学療法士などが屋台を引いて、その市営住宅の集会所で健康相談をすることになりました。行ってみると健康に対する不安感をもつ人は多く、話を聞いてもらうだけでホッとされるようで、利用した方からは「ぜひ、また回ってきてほしい」「話を聞いてもらえただけで安心できた」などという声をいただいています。今は、新型コロナウイルス感染症が蔓延した時期以来、再開できていませんが、「健康面で不安をもっている住人が多いのでぜひ来てほしい」というオファーをいただいています。

大学生が居住するサ高住

私の社会福祉法人の関連法人によって運営しているサ高住（5階建て、30室）には「多世代共生ひとつ屋根プロジェクト」に応募した大学生が居住しています。視察でオランダを訪れたとき、高齢者施設で学生が暮らしていることを知ったのがきっかけの一つです。面白い取り組みだとは思いましたが、その時点では、あくまでもよその国の話でした。

事態が動き出したのは２０１６年に地域活動を通じて知り合った北九州市立大学地域創生学群の教授から、私の地域でのさまざまな活動に学生を参加させたいが、どうせならシェアハウスでも構わないので、近隣に居住してというのはどうだろうといったお話からでした。

私のしていることは、常におたがいさまで笑顔がいっぱいを理念として、多世代がともに関わり合いながら生活できる地域社会をつくることでしたので、地域に住めるところはないかといろいろ考えた末、開設後も半分に満たない居住率で推移していた私の運営するサ高住なら、部屋もたくさん空いているのでどうだろうかと思ったのでした。

いろいろとハードルがあるだろうと思いつつも、次年度の大学合格資料一式の中の住まいの紹介の冊子に、サ高住の空き部屋を条件付きで提供することをうたった資料も入れてもらいました。

条件は家賃６万円を無料とする代わりに、週３回は食事でもティータイムでもなんでも構わないので入居者とテーブルをともに囲むこと、そして、できる範囲で地域活動に参加することでした。私自身が苦学生であったため、家賃負担がなくなるのは助かるだろうと考えました。

初年度は3人の女子学生から応募があり、面談をしたあと、全員居住することになりました。彼女たちは、地域創生学群のマネジメントコースと福祉コースを専攻する学生で、私の社会福祉法人が手掛けるさまざまな事業や地域活動に興味をもってくれました。そういう学生たちですから、入居者とも積極的にコミュニケーションを取り、すぐに打ち解けていきました。

入居している高齢者にとっては孫ほどの年頃の若い人と接することは新鮮であったようで、学生たちに負けずに化粧をしたり、洋服にも気を配ったりする女性入居者が増え、明るい雰囲気になりました。若い人と毎日顔を合わせるという今までの生活にはなかった非日常的な環境は、確実に入居者を若返らせる効果があります。

新型コロナウイルス感染症が流行した時期には三密に気をつけながら特別な規制をかけずにプロジェクトを継続しました。むしろ、そういう事態であるからこそ、学生から積極的な協力を得ることができました。なかには施設内の夜勤のアルバイトを引き受けてくれ

入居者の日常生活

る学生もいました。別のアパートから私の運営するサ高住に移り住んだために浮いた家賃分で、妹を進学させることができたという話を学生から聞いたときには、役に立っていることをとてもうれしく思いました。

国土交通省によると家賃を割り引く例はあっても無料はないとのことで、ＮＨＫや民放テレビ、新聞などで報じられてから、サ高住への相談の電話が入るようになり、入居希望者も増えました。開設後、いつまでたっても稼働率の低かったサ高住でしたが、部屋はどんどん埋まっていきました。

このことは、高齢者は高齢者だけしか住んでいないような専用住宅ではなく、世代の違った学生が居住しているようなところに住みたいと思っているのではないだろうかと感じさせます。一方、学生は「いつも気にしてくれる人がいてうれしい」「家族が増えたようだ」「帰ってきたときに一人でなく、温かく迎えてくれる人がいて安心する」と胸の内を明かします。

このサ高住では、入居者や学生だけでなくアフリカ・ケニアの首都ナイロビのキベラスラムの子どもたちを支援する日本人が主宰するマゴソスクールという学校の教頭が、2018年に全国でのライブ活動に行くはずが、足の骨折をしたための手術で動けなくなり1カ月間滞在していました。

滞在中は、じっとしていられず何か役に立つことをしたいと、近くの小学校や市民センター、保育園などでケニアの子どもたちのことを話したり、現地の歌や踊りを披露したりしていました。当時、ひとつ屋根プロジェクトで居住していた大学生もトランペット持参で、ライブに参加したりしました。このとき、入居者にとっては学生の同居以上に非日常的な出来事であったと思いますが、言葉の壁を乗り越え、瞬く間に打ち解け仲良くなっていました。彼からは現地語の「ハランベー」という言葉を教わりました。困ったことや悲しいこと、楽しいことはみんなで分かち合おうという、法人の名前「もやい」に似た意味です。私の目指す地域共生社会に通じるものがあると強く感じました。

人の暮らしは、決して国から管理されるものではないでしょうし、リスク回避や管理をしやすくするための縦割り行政に合わせて、世代やその人の状況によって分けてしまうことには、やはり違和感があります。特養には要介護高齢者のみ、障がい者グループホームには障がい者のみ、乳児院には赤ちゃんのみ、児童養護施設には子どもたちのみ、認知症グループホームには認知症の人のみ。このような状況に対して何も思わないような社会であることに悲しみさえ感じます。

私は、生活の中でさまざまな世代の人たちが、また、さまざまな状況の人たちが、ともに助け合って生きていくのが当たり前のことなのだと思っています。

［第４章］

福祉施設が地域活性化に貢献できる施設の外へ飛び出して老若男女が集うコミュニティを創出

まちを美化清掃する活動を巡って

私の社会福祉法人では、各事業所が地域貢献活動の一つとして、定期的に地域の美化活動に参加しています。沿道や近隣の公園の清掃活動が主ですが、これには職員や入居者、保育園や放課後等デイサービスの子どもたち、就労継続支援事業所の職員なども参加します。その活動は、自発的な地域活動として行っているものもありますし、地域からの要望で行っているものもあります。

運営本部をおく建物の中にある特養の入居者に、一人ひとりがまだまだ実社会の中で必要とされていることを感じてほしいと考えたのも、地域活動のきっかけの一つでしたが、高齢者でも、あまり体に負担をかけず、無理なく継続してできる活動はないかと思案して、行き着いたのが清掃活動でした。

最初は、認知症グループホームの入居者とともに、施設内敷地を毎週金曜日に清掃することから始めました。いつも参加者は、笑顔でいきいきとしていました。施設内には、車いすに座った高さでも園芸ができるような花壇をつくっているので、そこに草花や野菜を植えて、その世話をしたり草取りをしたりといったこともしています。そのような活動を通して、入居者はその花壇の状況を気にしてくれるようになりました。入居時に、家族から「看取りはここで」と言われていたような状況だった方でも、いつもうなだれて下を向いていた顔が前を向くようになり、食事もほとんど入らなくなっていたのに完食するまでになり、子どもたちとのお楽しみ会では、ナレーターの役を引き受けてくれたりするようになりました。最初、この状況に、私は驚きしかなかったです。この方は、偶然の園芸活動から生を復活させたのでした。

この活動は、このように施設内を中心に始まりましたが、次第に足を延ばして公園などのまちを美化清掃する活動へと広がっていきました。最初は入居している高齢者と担当の職員で始めたのですが、地域共生の理念に基づき、さまざまな年代や立場の人々を巻き込むべきだと考え、保育園の園児たちや放課後等デイサービスの子どもたち、さらには施設に集まる子どもたちにも呼びかけました。

入居者には車いすを利用している人が多いため、自力で清掃を完結することは困難です。それでも、竹ぼうきで懸命に落ち葉を集めたり、集めた枯れ葉や枝を入れやすいようにゴミ袋を広げてくれたりします。参加した子どもたちは、「やらされる」という意識ではなく、要介護状態の高齢者が清掃する様子を目にして、率先してちり取りを持とうとしたり、車いすに座っている高齢者が持つゴミ袋を見つけると、落ち葉を集めてその袋まで運んだりと、自然にお手伝いをしようとしてくれます。その光景はとてもほほえましく、自然体での関わりが生まれているような気がします。活動を通じて高齢者と子どもたちの交流も自然に生まれます。子どもたちの多くは、祖父母と暮らしていませんから、美化清掃活動やマルシェなどの機会を通じて入居者のような高齢者と接することは、楽しく貴重な経験になっていると思います。

入居者の多くは、この活動をとても楽しみにしています。安全上の配慮もあり、建物の中で生活することが基本となっているだけに、外に出られるうえ、四季折々の自然の移ろいを感じながら、世代の異なる人たちと一緒に体を動かせることは何よりのリフレッシュになると思います。この活動が、彼らにとって掃除が特別な労働ではなく、目的のある外出の機会となり、人と関わるためのきっかけとして楽しみや喜びとなっていることを願っています。

活動範囲は各事業所の立地条件によってさまざまですが、一般的に町内と呼ばれる地域の公園や沿道を清掃します。清掃ばかりではなく、同じように沿道を季節の花と緑で彩る花壇整備活動もしています。

四季折々の花を植えることは参加する入居者の気持ちを和ませる効果があると思います。この活動も子どもたちと行うため、自然と世代を超えた交流の機会になっています。この活動は、市から運営を受託されている方からお声掛けいただき、令和元（2019）年から「花咲く街かどづくり推進事業」に参加することになりました。この事業は、北九州市都市整備局が行っているもので、参加者向けに花づくりの講習会があったり、年に2回の花の苗の配布があったりするので、事業者としてもモチベーションが上がります。そして、年に1回「北九州市花と緑のまちづくりコンクール」が開催されるので、その応募に向けて職員も子どもたちも張り切って活動をしています。

まち美化清掃活動

花と緑の活動

過去にも受賞していますが、令和6（2024）年度は、「特別賞　地域貢献賞」をいただきました。講評として「地域の子どもさんや高齢者の方々でされており好感がもてます。地域連携の良い取り組みだと思います」といった言葉をいただきました。ほかに受賞されている庭や花壇は、色とりどりの素晴らしく豪華なものが多いですが、私たちの花壇は小さくても、地域や多世代のつながりや気持ちが詰まったものなのです。

これらの活動は、私の社会福祉法人が目指す、世代を超えたごちゃまぜのつながりの一環です。子どもたちにも、こうした経験を通じて、おたがいさまの地域共生を考えることのできる大人になってほしいと思っています。

認知症の啓発活動

私の社会福祉法人が本拠をおく北九州市の高齢化率は、34・7％（総務省「市区町村別推計人口」、2024年1月1日時点）で、政令指定都市では神戸市（34・9％）に次ぐ高さとなっています。年齢が上がると認知症の発症リスクも高まるため、高齢化率が高まるにつれて認知症の症状を有する方も増えていくことが予想されます。

認知症の症状を有する方の増加は、医療、介護制度への負担や家族の介護負担、認知症の本人の生活の質の低下など、さまざまな問題を引き起こします。厚生労働省の推計では、2025年に約700万人、2040年には約950万人の方が、認知症と診断されるだろうとされています。

実は、私がこの介護事業など福祉の道を歩むきっかけとなったのは、ある老夫婦との出会いです。30年近く前の話になりますが、診療所の窓口で受付などをしていた頃、理学療法を受けるために毎日クリニックに通っていた老夫婦が、ある日を境に姿を見せなくなったのです。そして1カ月ほど経ったある日、奥さんが一人でクリニックに現れ、悲しい事実を伝えてくれました。実は認知症だったご主人が行方不明となり、数日後に亡くなっている状態で発見されたとのことでした。当時の私は、認知症の問題について深く考えることはありませんでしたが、この出来事を通して、医療での関わりには限界があることや、地域でのつながりや支援の重要性、そして老老介護の過酷な現実に気付かされました。もし地域で老夫婦の日常生活や健康状態をしっかり共有していたならば、一人で歩いているご主人を見た地域の人が異変に気付き命を救えたかもしれません。この出来事から認知症のことを意識するようになり、もっと知りたい、もっと地域の人たちの生活に寄り添いたいと思い、福祉の仕事に飛び込んだのでした。

医療や介護に従事している人は認知症という言葉に慣れていますが、いまだに「ボケ」「痴呆」「認知」などと、差別的な表現もよく耳にします。認知症に対するイメージは、高齢者の問題や家族の絆、認知症のことがテーマとして描かれている有吉佐和子の作品『恍惚の人』にもあるように、精神病と感覚的にとらえる人や、認知症になったら何も分からなくなる、普通の生活ができなくなると想像する人もいます。そういう人に限って、自分は認知症にはならないと思いがちです。

私が介護事業を始めた頃は、認知症に対する誤った情報を信じている人が多く、愕然《がくぜん》としたことが何度もありました。もう20年以上も前の2003年頃の話です。

いちばん初めに立ち上げた認知症グループホームの設計の打ち合わせをしているときのことでした。建物の中心に吹き抜けを設け、建物はその吹き抜けの周囲を一周できるようになっていました。それを見ながら提案した設計士が、「痴呆の人は徘徊《はいかい》しますから、ここをグルグル回れるようにしたらいいと考えました」と自信たっぷりに言うのです。

認知症啓発のイベントを商店街で開催しようとしたときは、「認知症の人が商店街に来て騒いだらどうするのか」「勝手に物を取っていったらどうするのか」と言われました。そう言っていたのは70代後半の方々でしたが、我が事とは思わなかったのでしょう。

また、2つ目の認知症グループホームを建築する土地が決まって、地域での説明会を開催した際、ちょうどその土地の隣地に居住しているという方から「認知症の人が夜中に大声をだしたらどうするのか」「排泄《はいせつ》の臭いはどうしてくれるのか」「私は、ケアマネをしているからよく分かる」とまで言われました。ケアマネジャーをしているなら、なおさらもっと正しい認識をしてほしいと残念に思いました。

認知症は特別な病気ではなく、老化でひざや腰が衰えて歩けなくなるのと同じように、高齢になるとある程度の割合で出てくる、脳の衰えによる不具合な状態です。ひざや腰の不具合と同様、若年者でもなることがあります。ですから、認知症になったら人生おしまいだなどと考える必要はありません。

認知症は、私の運営する事業にも大きく関わる病気であることから、私は現在の法人を立ち上げる頃から、「まちなかもりフォーラム」「認知症サポーター養成講座キャラバンメイト」「劇団『雪月花』」「認知症行方不明者捜索模擬訓練」「ラジオ・オレンジカフェ」など、主に5つの認知症啓発活動に力を注いできました。

最初の活動は、別の団体が主催している「もりフォーラム」という認知症啓発イベントのお手伝いでした。このイベントは、2006年から山田緑地という森の中に認知症の方や家族、医療、福祉の関係者や学生ボランティアなどが集まって開催されていましたが、2013年からは、私の施設からも近い駅前の商店街で「まちなかもりフォーラム」として開催されるようになり、このときからお手伝いをさせていただくようになりました。

森の中から商店街に下りてきた目的は、「認知症の人が暮らしやすいまちづくり」です。認知症になっても不安なく、商店街を歩いて買い物をしたり、お茶を飲んだりできるようなまちをつくることを目標に活動しました。これは、第8回からの「まちなかもりフォーラム」での初の試みでした。

しかし、1年に1度のイベントでは、なかなか目標達成までには遠い道程だと感じていました。これが、日常的で毎日だったらいいのにと考え、現在は「黒崎まちなか探検隊」と称して、私の事業所から認知症の方や要介護の人たちが出かけて行って、買い物やお茶を楽しんでもらっています。

「まちなかもりフォーラム」についてですが、第10回まではどこかからの補助事業だったそうです。しかし、主催団体がそこで活動を終了させたため、フォーラムも終了となりました。活動も道半ばで、まだ十分な成果が得られていないように感じたため、少し残念に思いました。

ちょうど時を同じくして、私自身も「認知症サポーター養成講座」を受講し、さらに、その講座の講師を務めるためのキャラバンメイトになりました。認知症サポーターとは、認知症に対する正しい知識を学び、地域に暮らす認知症の人やその家族に対して自分ができる範囲で手助けをする人のことで、２００５年に厚生労働省が養成を始めました。２０２４年９月現在で、全国には１５６０万人を超える認知症サポーターがいます。そしてその養成講座の講師を務めるキャラバンメイトは、18万人を超えています。

認知症のことをもっと知ってほしいという思いでキャラバンメイトをしてきましたが、

1時間ほどの座学だけではどのくらい伝わるのかといった気持ちがありました。

まだ、社会福祉法人を立ち上げ特養を開設する前のことでしたから、2010年の頃です。私の運営している認知症グループホームの地域の方から、「今年は健康フェスタを認知症フェスタとして開催するので手伝ってくれないだろうか」とお声掛けいただいたのでした。

健康フェスタでは音楽療法などで参加していましたが、当時は「ボケ」や「痴呆」から「認知症」へと呼び方が変わり、その言葉が耳になじんできた頃で、もっと知りたいということだったかと思います。

そこで、私は、認知症の啓発劇をしてはどうかと提案しました。そのときに生まれたのが、劇団「雪月花」で、私が、脚本、演出を担当、役者は地域の方々、職員、入居者などで構成することとなりました。「雪月花」とは、私の運営する施設の名前にも付けていますが、唐の詩人白居易（白楽天）の詩の一句「雪月花の時　最も君を憶《おも》ふ」から来ています。美しいものを見るとき、おいしいものを食べるとき、君と一緒だったらなと、君のことを思い出す、遠く離れていてもいつも思い出しているよといった意味合いがあります。

脚本は、当初、ほほえましい系の寸劇を提案しましたが、地域の方からは少しホロリと泣けるものも欲しいと言われ、前半の30分は4つの寸劇で地域の人たちに演じていただき、後半の30分は人情劇仕立てで、『真夏の夜の梅』というタイトルの劇を職員たちで演じるといった構成にしました。前半は認知症の代表的な症状を紹介する内容で、観る人の多くに心当たりがあるような例を取り上げたおかげか、しかも知り合いである地域の人たちが役者ですので観客席は大いに沸きました。舞台に上がってくれた地域の方の中には演劇部だった方もいて、みなさんなかなかの名演技で、おそらく職員たちよりも上出来だったように思います。職員の中には、演劇も観たことがないという人もいました。

内容は、決して認知症を笑いものにしているわけではないのですが、その症状を示す近しい人を思い浮かべたり、遠からず訪れる自分事と感じたりした観客が多かったかもしれません。後半の『真夏の夜の梅』では、在宅で生活する認知症のおばあちゃん・梅さんが、施設に入居するまでの話で、家族目線での心情などを舞台にしました。前半と対照的にちょっと泣ける設定にしてメリハリをつけました。

地域の方々は、裏方も大いに張り切って手伝ってくれました。舞台背景の書き割りは、地域の人が手掛け、舞台上の家の玄関の引き戸の建具は、驚いたことに、すぐ近所の社会福祉協議会会長の自宅から本物を借りてきていました。出演者も裏方も地域色の強い手作り感を打ち出したことが、素晴らしく忘れられない出来事です。

また、この演劇活動は、職員にとっても良いことでした。仕事が終わってからの練習ですし、慣れない演劇などさせられて、負担は大きかったと思います。しかし、一つのものをみんなでつくり上げる喜びがありました。本番が終わったときの達成感は、介護の仕事とはまた違ったものです。ほかの市民センター、区役所、認知症サポーター養成講座などで、何度か舞台をさせてもらいましたが、その都度バージョンアップして、ついに認知症の入居者にも舞台に上がってもらうまでになっていきました。

ただ、この演劇活動は、新型コロナウイルス感染症の影響で現在は休止しています。いつか再開したいと思っています。

もう一つの啓発活動として、私の運営する事業所の職員だけでなく、地域、企業、行政など多くの人たちを巻き込んで、認知症行方不明者捜索模擬訓練を行っていました。

この模擬訓練の目的の一つは、道に迷って家に帰れず困っている認知症の高齢者の発

認知症行方不明者捜索模擬訓練

見、声かけ、保護などの訓練を通して認知症への理解を深めることと、認知症の方への接し方を学ぶことです。

もう一つの目的として、まちを歩くことによって地域を知ると同時に、地域住民の顔の見える関係の構築も目指しました。実は、私がいちばん大切に考えていることはこれなのです。可能な限り地域の人と人が顔の見える関係となってほしいのです。目指すところは、地域の中の誰もが顔見知りであることです。顔見知りが増えれば、地域の誰かが行方不明になりそうになっても、引き留めることができるかもしれません。

2023年度、認知症やその疑いのある行方不明者数は、全国で1万9000人以上と過去最多となり、そのうち500人以上の方が亡くなって発見されているそうです。

また、2007年12月にJR東海であった認知症の高齢者の事故は、世間での注目を集めました。老老介護の2人暮らしで、この事故の責任が家族にあるということに大きな疑問を抱きました。もし、外出しているこの高齢者のことを地域の人が知っていたら、止めることができたのではないだろうかと思わずにはいられないのです。

この活動は、最初は私の社会福祉法人が主催となっていましたが、その後、地域のまちづくり協議会との共催となっていきました。長期休暇中の開催では、地域の子どもたちもたくさん参加してくれます。認知症サポーター養成講座のあとで、認知症の方への接し方を学び、その後チームをつくって、あらかじめ決めておいたエリア内を縦横無尽に動いている行方不明者役の人を捜すといった具合です。時には、劇団雪月花による『真夏の夜の梅』も取り入れました。第1回は、子どもたち、学生、地域の方、企業、行政職員など100人ほどの参加者で開催しました。

行方不明者を捜索に行くときは、チームでまちの中を捜し回りますが、まちを歩いている間に何人に声をかけることができたかを競います。どのチームが、早く行方不明者を発見するかも競います。声をかける際は、捜している人の写真を見せ、特徴を説明しながら「今、捜索模擬訓練をしています。こんな方を見かけませんでしたか」といった具合に、いろいろな人に話しかけています。歩いている人、車を走らせている人、時には店舗で買い物中の人にも話しかけます。相手が、話を聞いてくれたときには、「話を聞いてくれてありがとうカード」を渡します。そのカードの裏面は、施設の1階にあるカフェのコーヒーやお茶の無料券となっています。

さまざまな仕掛けで、人と人、人と施設をつないでいくことに力を注ぎました。

この活動は、市内の至るところで開催されています。方法はさまざまですが、私のところでは、パソコンやスマホを使用したり、国土交通省の「スマートウェルネス住宅推進モデル事業」として、警備保障会社が開発した「みまもりタグ」「みまもりタグ専用靴」「みまもりタグ感知器」を利用したりもしました。

この活動は、新型コロナウイルス感染症への配慮が必要となる2019年秋の第6回まで行っていました。今後は、また違った形に進化していくかもしれません。

私の運営するいくつかの事業所でも、数年に一度は、入居者が行方不明になってしまうという事案があります。発見されないまま夜になってしまうと、とても心配になりますが、たいていの場合は明るい店舗の中で発見されます。そして、私のところの事例としては、自宅に帰っているところを発見されることがいちばん多いです。今まで幸いにも、大事なく発見されていますが、認知症高齢者の行方不明に関しては、とても身近な問題です。

認知症啓発活動のもう一つは認知症の方の表現、発信の場として、先にも紹介した地域コミュニティFMラジオのスタジオから、認知症の方3人がパーソナリティとして、生放送で番組をしていることです。この番組は、毎月第4金曜日の午後1時から放送していますが、毎回予測不能な展開で番組は進行します。認知症というと、とても深い病のような気持ちになりますが、いたって明るくほんわかした癒やしの番組となっています。

ラジオ放送では、通常は音楽を流すときにはマイクをオフにして、リスナーには音楽だけを楽しんでもらいますが、この番組ではマイクの音量はそのままで、音楽に合わせ口ずさむ彼女たちの歌声をそのまま流します。

認知症グループホームから数分の距離にあるスタジオには、職員が車に乗せて来ているにもかかわらず、船と電車を乗り継いで来たと大真面目に言われることもあります。番組では3人が思い思いに談笑します。昔の話題は、とてもよく覚えていますので、子どもの頃の話、両親の話、就職した頃の話、戦争の話など、かなり詳細に聴かせてくれます。しかし、昔のことはよく覚えている代わりに短期記憶がないので、ついさっきのことを忘れてしまいます。昼ご飯は何を食べてきたのか、昨日はどこに出かけたのかなど、直近のことなどを忘れてしまうことが多いです。番組内で答えられなくて「分からない。何にも分からない」と言うおばあちゃんの横から、もう一人のおばあちゃんが、「忘れていいんよ。忘れるから幸せなんよ」と言います。そんな言葉に、本当にそうなのかもしれないと、変に納得したりします。実は、彼女たちの話を通して学んだり、気付いたりすることは多いのです。

認知症になったら何も分からなくなると思い込んでいる人が多いのですが、彼女たちの話を聞いてもらえば、それが偏った見方であることが分かるはずです。そういう思い込みをなくすことが啓発活動の狙いでもあるのです。

この「ラジオ・オレンジカフェ」は、国内外のメディアでも取り上げられていますが、1990年から放送されている北九州市人権推進センターが制作している「明日への伝言板」という5分間ラジオ番組でも取り上げてもらいました。そこでの取り上げ方は、どのような人でも何かしら表現の仕方があるということでした。私は、人として生まれてきて、必要のない人間など一人もいないと思っています。必要とされるという価値観や基準をあまりに社会が決めてしまっているような気がするのです。子どもたちに対しても同じです。それぞれの得意とする表現の仕方を、たがいにその価値を認め大切にできるような社会であってほしいです。

市民センターとの連携から始まった地域共生に向けた活動

私の社会福祉法人が本拠をおく市民センターは、社会福祉協議会（社協）やまちづくり協議会、自治区会をはじめ、地域の世話に携わっている方たちが集い、情報共有や地域課題の解決に向けた情報交換をする場になっています。

地域で何か新しいことをしようとすれば、市民センターに出向き社協の方やまちづくり協議会、そして自治区会の方々に相談するのが早道であるように思います。実際、私も自分の法人を立ち上げる前後から何度も足を運び、相談させていただき、今もお世話になっています。現在は、まちづくり協議会のメンバーにも加えてもらっています。

市内に130カ所ある市民センターでは5年に1度、館長が交代します。館長によって、地域、行政、学校、民間企業などのほかの機関との連携の方法も変わってきますが、館長という立場から、私たちの地域共生に向けた考えを理解してくれたうえで、意見をくれ、地域とつなごうと尽力してくださった方もいました。地域と私たちをつないでくれ、双方にとって良い成果が得られるような気配りをしてくれたのです。

私が、2つ目の認知症グループホームを開設した頃のことでした。その事業所の入居者と地域の人とをつなげたいという思いから、事あるごとに市民センターの館長に何度も相談を持ちかけていました。それは、私からの「お願い」が多く、いずれも施設のためだったり入居者のためだったりするわけですが、ある日、「してほしいことばかりを訴えるのではなく、地域のために何ができるかを考えることも大切だよ」と言われました。言われてみれば、それまでは、地域とつながりたいために、地域の人に施設に来てほしいだとか、何かをしてほしいといった要求ばかりが先立っていました。

それ以来、少し考え方を変えました。私は、職員や施設の入居者も含めて法人として、地域のために何ができるか、どんな役に立てるかということに活動の軸足をおき、地域で行われるさまざまな行事やイベントに積極的に関わるようにしました。私たちが手伝うことで生まれた外部との縁やつながりは数えきれませんし、それらの多くは今も大切なネットワークとして保たれています。結局、何かしてほしいと思えば、逆にこちらから働きかけることが大切であることを身をもって知ったのです。

そのようなこともあって、地域の健康フェスタでは、私たちが企画した音楽療法を取り入れてくれたり、認知症フェスタでは認知症啓発劇で参加させてくれたり、餅つきの運営などを任せてくれたりしました。毎回イベントで販売させてもらっている、民生児童委員さん監修レシピの、施設で作ったパウンドケーキも名物となっています。

今では当たり前のようになっていますが、初めて参加させていただいたときは、どれほどうれしかったか昨日のことのように覚えています。私たちは、決して営利目的で営業活動のために動いているのではなく、入居者や地域のために活動しているということを、伝えたくてたまりませんでした。

今は、地域と企業といったような、かつてのそうした壁が取り払われつつあると感じています。その理由は、いくつか考えられます。一つは、私たちが地域のために働いていることが少しずつ認められてきたのかもしれません。もう一つは、地域のために働いてきた人たちが高齢化しつつあるということも原因かもしれません。さらには、何かしらの行政の取り組みの成果なのかもしれません。

ただ、2つ目の地域の担い手の高齢化は、身近に感じています。そのため、以前とは違って、地域の多くの人から健康のことであったり介護のことであったり相談を受けるようになりました。働き盛りの頃から、長年、地域のお世話をし、活躍してきた人たちの興味関心は、健康や介護、福祉に向いてきているのを感じています。これは、どこに行っても高齢化率の高い現状を考えると、当たり前のことだと思います。こうして主体となって動いている私でさえ、最近は健康に気を使うようになってきました。

そのように高齢化の続くまちでのさまざまな地域活動を継続するために、動ける人が必要となってきます。動ける人がいなくなってくると、伝統的に続いてきた行事などでさえ、やめざるを得なくなってきます。実際、規模を縮小したり中止したりする地域も出てきています。

そのような状況ですので、私の法人の職員が、公園の清掃活動やどんど焼きの準備、夜間の防犯パトロール、地域の神社で開かれるお茶会や注連縄づくりなどへの参加、市民センター祭りなど、さまざまな場面でお手伝いをしています。もしかすると、それほど役に立っていないのかもしれませんが、とても喜ばれているのは事実です。時には、職員だけでなく、入居者も連れ出して会場を盛り上げます。実は、その盛り上げは地域活性化の糸口になっているのではないかと考えています。

毎年行われる地域の神社でのお花見茶会は、もともとはお茶の師匠に連れられて、私が個人的にボランティア活動として参加していたものでしたが、この20年ほどは、職員、入居者も引き連れて、お手伝いだったりお客さんだったりと関わらせていただいています。私の法人が毎月2回開いている茶道教室にも、職員が率先して入居者とともに参加してくれています。

ほかにも、私たちは、かつて地域の拠点コミュニティとして機能していた神社での、さまざまな行事に積極的に参加しています。この地域に古くから伝わる祭りでは、3つの地区から山車が出され、その山笠の競演会において特養を休憩所として開放し、呈茶サービスを行っています。山車に飾る金銀のしぶきの作成を入居者が担い、また、山車を担ぐ手伝いとして参加している職員もいます。入居者の中には、自室から豪華な山車を見下ろすことができるため、競演会を心待ちにしている方が少なくありません。

古来の伝統を守る活動は地域の活性化を促進します。このような活動を進める中で、職員、利用者、地域は自然に結びついていきます。自らの働きが地域活性化に貢献しているという自負は、職員のモチベーション向上にもつながっているようです。

そして、どのような種類であれ、イベントは人が集まらないことには始まりません。にぎわいには人の集まりが頼りです。たとえ、私の法人主催でなくても、職員は入居者を連れ出してにぎわいに一役買うので、地域の人たちから喜ばれています。

神社での秋祭りのカラオケ大会には、職員や入居者も参加します。また、ウォークラリーにも参加し、なんと入居者が3位に輝いたということもありました。どんど焼きの際には、必要な竹の切り出しから組みつけまで職員がボランティアで手伝います。職員は手伝いを通じて地域の人たちと言葉を交わし顔なじみになります。顔なじみになってくると、職員は、個人的にも声をかけられるようになります。また、定期的に行われている夜間の防犯パトロールにも参加しています。最初は、1つの事業所から始まりましたが、その話を聞いてほかの事業所も、自分たちの地域の防犯パトロールや清掃活動などに参加するようになりました。自分が住んでいる地域ではないのに、自分の働いている職場の地域で活動し始めたのです。地域の人たちに喜ばれるという体験は、職員のモチベーションアップにもつながっているのかもしれません。

営利目的の民間企業ができる地域活動の盛り上げには限界があります。だからこそ、地域貢献が求められる社会福祉法人が主体的役割を担っていくことが重要なのです。そうした活動の中では、市民センターも要であり、重要な地域の拠点でありコミュニティになっていると思います。

福祉施設から地域に広がる地域共生に向けた活動の輪

施設として何かする場合にはこちらから助けを求めるのではなく、何かお手伝いをさせてもらうという気持ちが大切だと述べましたが、私の社会福祉法人の運営本部や事業所のある地域では、地元の防犯パトロールだけでなく、職員たちはさまざまな活動に、時には入居者も連れて主体的に参加しています。

職員によるこれらの地域活動への参加は、私が業務として促したものではありません。もともとは、パラスポーツの一種である風船バレーのチームに所属する民生児童委員から職員が声をかけられ、夜間の練習に通ううちに、すっかり地元住民のようになったことがきっかけです。このことが、地域と職員との関わりの大きなきっかけとなったようです。

その職員は市外に住んでいましたが、面白いことに引っ越すたびにどんどんこの地域に近付いてきています。事業所のあるこの地域では、私よりもこの職員のほうが頼りにされているような状況です。

このように、風船バレーを通じて地域の人々とのつながりが生まれ、夜間の防犯パトロールへの参加も始まりました。チームの練習が夜間に行われることもあり、自然に参加する流れになったようです。同じ場所でも、昼と夜では物の見え方や雰囲気が異なることがあります。防犯パトロールの観点から実際に歩いてみると、昼間は普通の道でも、夜に

地域の夜間防犯パトロール

なると真っ暗になり危険を感じることがあります。

地域の人と一緒に歩くことで、職員や入居者は施設周辺のまちの夜の様子を詳しく知ることができると思います。頻繁ではありませんが、近隣で認知症の方が行方不明になった場合、立ち寄りそうな場所を予測したり、危険な場所に先回りして備えたりする点でも、防犯パトロールの経験が役立ちます。

防犯パトロール自体は、社会福祉法人としての業務に直接関わるものではありません。しかし、地域共生社会の構築という観点から見ると、地域の施設に勤務する職員が地域の人々とつながり、安全・安心を維持するために活動することには、大きな意味があると思います。

近年、時間対効果を表す「タイパ」（タイムパフォーマンス）が重視されるようになり、自分の時間を大切にする風潮が高まっています。このため、職員に対して業務外の活動である防犯パトロールへの参加を強制することはできません。それにもかかわらず、ほかの事業所の職員も自発的に参加するようになっています。それは、仕事を通じて築いた地域の人々とのつながりをさらに深めたいという思いの表れではないかと考えています。

私の社会福祉法人では、職員、利用者、そして地域とのつながりを深めるために、さまざまなプロジェクトを推進しています。これまでに取り組んできたマルシェや子ども食堂、まち美化清掃活動、認知症行方不明者捜索の模擬訓練、モバイル屋台、防犯パトロールなどは、これらの実践の一環です。

また、法人が正式に関与しているプロジェクトではありませんが、ある事業所の前が通学路であることから、小学生の登下校時に横断歩道を安全に渡れるよう見守る「緑のおばさん」としての役割を進んで引き受けている職員もいます。

職員の地域での活動（よさこい祭り）

彼女は、自身の居住区域ではないにもかかわらず、事業所や小学校が地域に根ざした施設であることを理由に、自発的に活動をしているのです。また、事業所のある地域の子ども食堂の手伝いにも積極的に参加しています。私の法人が運営する子ども食堂とは異なりますが、子ども食堂という大きな枠組みのもと、地域に根ざした活動であり、自発的なボランティアであることから、その取り組みを支持しています。

私の法人の職員は、地域でのボランティア活動のほかに、趣味や楽しみも兼ねた地域活動にも参加しています。例えば、地元での「よさこい祭り」のイベントでは、法人のよさこいチームが出場します。その日のために、仕事が終わってから

法人のゆるキャラも地域イベントで活躍

チームメンバーは集まって練習をします。出場のための衣装などは、法人で用意しました。

「もやいバンド」という音楽バンドも結成されています。地域でのイベントにも呼ばれたりしていて、最初はロックバンドでしたが、地域の要望に応えて昭和歌謡もレパートリーに加わったようです。このバンドが出演する日には、家族の転勤に伴って遠方に引っ越した元メンバーだった元職員も、わざわざ北九州まで来てくれることもありますし、地域のイベントには、ほかの職員も応援に駆け付けます。先に紹介した演劇や茶道教室もそうですし、職員として働いているプロのフットサルチーム「ボルクバレット北九州」のホームゲームの応援を楽しむ職員もいます。

職員ばかりでなく私の法人には、「もやタン」というゆるキャラがいます。施設内のイベントだけでなく、地域のイベントにも出かけていきます。門司港にあるトロッコ列車とゆるキャラのリレー競争や、北九州マラソンのゆるキャラ応援チーム、地域のほたる祭りのイベントなどにも出動しました。市制60周年記念の北九州推しキャラ総選挙では、エントリーした64体の中で、第3位に選ばれました。職員の協力なくしては成し遂げられませんでした。

いずれの活動も、社命によるものではなく職員にとっての楽しみとなる活動であり、このように職員の地域での外部活動が増えることは地域活性化にも寄与すると考えられ、法人としてもたいへん喜ばしいことだと思います。

もう一つ、忘れてはならないこととして、私の法人の職員が地域に関わることの利点は、その多くが医療や健康、福祉・介護などの専門職であることです。医療や健康、介護などは地域の高齢者の関心事でもあります。そういうことを気軽に相談したり、尋ねたりできる場所が身近にあるのは地域の人たちの安心にもつながります。

入居者にとっては、地域との関わりがあることで、いつまでも「地域の住民」「社会の一員」として生活していくことができますし、職員にとっては第三の居場所となり、自分の関わる職場と家族と地域社会という三者のワークライフバランスが理想的な形で満たされているといえるのではないかと思います。

私の目指すことは、福祉施設を拠点として、多世代が支え合う「おたがいさま」のコミュニティを築き、そのあり方を地域全体に広めていくことです。職員、利用者、そして地域とのつながりを重視するのもそのためです。

これからの時代においては、「おたがいさま」という視点から、民間企業にも社会貢献が求められると考えています。しかしながら、営利企業には限界があるため、行政がその取り組みを後押しすることが不可欠だと思います。何より重要なのは、社会福祉法人や福祉施設が主体的にその役割を担っていくことです。

とはいえ、大きな社会課題である人材の確保や財源の問題は、私の法人でも例外ではありません。今後の活動の継続性を考えたとき、地域とも連携した何か新しいカタチを生み出していかなくてはならないと考えています。さらに、法人としていかにビジネス性を見いだせるかも大切なことだと思います。それによって継続性が担保できるのです。

今後は、私たち社会福祉法人や地元企業が主体となり、地域社会の生活の中で必要とされることを公共的な事業として担っていく時代だと思います。法人の有するヒトやハコの活用によって、地域の人と人のつながりをつくったり、人を必要とする各所機関につなげたりといったことができる可能性があります。地域にある法人だからこそできることで、顔の見える信頼できる身近な人がそれを行うということが大切なのです。

今のように、職場の地域における地域活動を推進していくことは、未来の新しい地域のカタチへの第一歩なのかもしれません。

地域の人々にとって、施設職員はコミュニティを支える重要な担い手であり、医療や健康、介護に関する相談がしやすい存在でもあります。また、入居者の存在は地域活性化にも貢献しています。

利用者にとって、地域とのつながりがあることで「地域の住民」として、あるいは「社会の一員」として、充実した生活を送ることができます。職員がいることで、在宅生活とは異なる安心感の中で暮らすことができるのです。

職員にとっても、地域とのつながりは家庭や職場とは異なる新しい居場所を提供してくれます。入居者からは、日々感謝の言葉や笑顔を受け取り、その交流を通じて温かな関係が築かれています。

地域の人々、福祉施設の職員、入居者、そして多世代がまじり合い、たがいにとって「三方良し」の幸福感あふれる地域を目指すことができると感じています。その根底には、「おたがいさまで笑顔がいっぱい」という理念が息づいているのです。

［第5章］

笑顔あふれる地域を増やしていくために――福祉施設の可能性はますます広がっていく

地域の新しい拠点コミュニティとして福祉施設が目指すこと

私の運営する社会福祉法人では、高齢者の在宅介護、施設介護、保育事業、障がい福祉事業などさまざまな事業を展開しています。その主な利用者は地域住民であるため、私たちは各事業所の運営だけでなく、地域包括ケアの視点で認知症や要介護者の方のためだけでなく、子どもたち、障がい者、高齢者が共生できるまちづくりを目指しています。

法人創設以来、運営本部のある建物で展開している特養は「垣根のない開かれた施設」をうたい文句にしてきました。施設の敷地には塀も門扉もなく、地域の人は勝手に通り抜けできるようになっています。建物には誰でも土足でそのまま入ることができます。

しかし、そうしたハード面だけでなく、人と人のつながりや関係性についても開かれた施設を目指しており、至る所に仕掛けを施しました。例えば、入居者の居室は個室ですが、部屋にも10人単位のユニットにも引きこもることのないよう自由にフロアを移動することができ、敷地内であれば一人で外に出ることも可能です。

地域の子どもも大人も、なんらかの目的があって施設にやって来ます。その動機はさまざまですが、多くは趣味や健康、生涯学習などの生きがい活動につながるコミュニティへの参加や、子どもたちにとっては習い事であったりします。各コミュニティには希望すれば、施設の入居者も参加することができます。

いってみれば、施設が施設然としてあるのではなく、一つのまちのように機能しているのです。入居者にとって、施設は自宅での生活の延長線上にあるという感覚です。

施設で働く職員がそれらのコミュニティに参加していることもあり、出勤日以外でも家族連れで施設を訪れることも珍しくありませんし、退職した元職員が施設内のなんらかのコミュニティに参加していることもあります。もはや、民間が運営する施設というよりは公的な施設となっている感じです。

この施設を開くにあたって、敷地の西側の商業地域と東側の住宅地をつなぐようにプロムナードを設けました。もし、敷地を囲むフェンスがあり立ち入りができなければ、地域の住民は、商業地域に行くためにフェンスに沿って遠回りをしなくてはなりません。塀も門も何もなく、敷地内に「どうぞ」といわんばかりに遊歩道が設けられているので、みん

地域に開放されたスペースには子どもたちの遊ぶコーナーやブックカフェもある

なそこを当たり前のように通っていきます。いつでも腰を下ろせるようにベンチが置かれ、季節の花に彩られた、地域のコミュニティの核となるような小道です。それに面して、わざと段差のあるベンチが設置されています。これは、設計段階で「ここで子どもたちが飛び跳ねたり、座ってゲームをしたり、そしてその横を散歩する地域の人が歩いていたり……」と頭の中で想像をふくらませてワクワクしていたのですが、その想像どおりに実現したのです。

そして、施設内に入ると、誰でも立ち寄れるオープンカフェやFMラジオのスタジオ、理美容室、ブックカフェ、授乳室、赤ちゃんや子どもたちの遊べるコーナーや卓球コーナーなどがあります。

地域住民が買い物帰りにちょっと立ち寄り、休憩しながら近所の人や入居者と話すことも可能です。これまで入りづらかった地域交流スペースを「道＋交流スペース」とすることで、誰もが立ち寄りやすくなったのではないかと思います。

目指したのは、福祉施設を遠い存在ではなく、身近なものと感じてもらうことです。それは結果的に、年齢を重ねることを決して不安と感じないまちにしていくことにつながります。その思いは開業当時も今もまったく変わっていません。

特養のある場所は八幡製鐵株式会社の社宅群の跡地の一角です。近年、新興住宅地となり、若い世代が流入しているため、市の平均に比べて高齢化率はやや低い土地柄です。近隣には、3つの小学校、そして、どちらかといえば、地域のシニア世代の交流の場となっている市民センターや公民館などもあります。民間診療所や有料老人ホーム、サ高住など、医療機関や介護福祉施設も整っています。

かつての地域経済を支えていた大企業の社宅があっただけに、生活に必要とされるものはなんでもそろっており、地元の祭りなどを通じた地域住民の活動も活発です。そのような場所で、開設当時に掲げた「まちづくりから始める地域包括ケアシステム」の推進と「地域の新しい拠点コミュニティづくり」は着々と進んでいます。

地域包括ケアといえば、ケア会議と称して、医療や介護に関わる医師、看護師、ケアマネなど専門職や有資格者のみで行う事例検討会やセミナーなどの勉強会などがよく行われていましたが、当初より私は「まちの人たちみんなが意識し推進していくものだ」と訴え活動してきました。

私が掲げる理想のコミュニティは「医療や介護の相談窓口を開いたり、情報を提供したりすることで地域住民に安心を感じてもらう」「地域にある既存コミュニティや福祉活動の手伝いができる」「地域や学校、幼稚園などとつながり、子どもたちの育成や子育て支援をする」「施設を地域に開放し、地域のコミュニティ活動の場や居場所として活用する」「医療と医療、医療と介護、介護と介護、人と人、人と活動がつながることで誰もが安心できる顔の見える関係づくりを行うこと」の実現を目指しています。

私が掲げる新しい拠点コミュニティは決して要介護の入居高齢者のためだけではなく、

地域にとっての存在です。実際、開設以来、特養であるにもかかわらず、入居者とは関係なく、地域住民が自分の目的のために日々出入りし、地域団体も地域活動や趣味のサークル活動、健康イベントなどのために施設を利用しています。

いわゆる老人ホームであることを意識させることなく、さまざまなイベントには多くの地域住民や子どもたちが参加します。それらには職員や入居者も参加しています。

そこでは、入居者がたまたま出会った子どもたちと仲良くなったり、地域の人とともに時間を過ごすことでなじみの関係になったりすることも珍しくありません。私の特養では自然な流れなのです。

最近では、何かのサークル活動で施設に初めて来た方から「ここの場所を検索したら、特養と出てきて驚いた」とか、いつも来ている方から「ここが特養だと最近知って驚きました」などと言われ、私の目指す施設になりつつあることを実感しているところです。

世代や立場を超えてさまざまな人がつながることで、これまでにない地域共生社会が形づくられると思います。この地域の人口は約2万人です。想像をたくましくすれば、その人たちがみんな知り合いになると、ともに見守り助け合える、「まちがまるごとサ高住」

のようになります。そんな地域共生社会が実現できればと切に願っています。

施設は自宅の延長線上にある生活の場

一般的に、人は生まれてから亡くなるまでに何度かの住み替えを経験します。子ども時代、学生時代を経て社会人となり、結婚して新たな家庭を築き、子どもが生まれ……というように、家族のあり方やライフスタイルに合わせて暮らし方が変わり、住まいも変わっていきます。そういう流れの中で巡り合う住まいの一つが施設だと私は考えています。

自分で身の回りのことができなくなり、要介護者になったとき、その先の住まいについて「施設だけは嫌だ」という高齢者は意外と多いのです。高齢者だけでなく、若い人たちでも老後は施設に入居したいと考えている人は少ないと思います。その理由の多くは、その人が従来型の画一的な施設を思い描いていることによります。多くの人が想像する老人ホームは、暗くて消毒の臭いがして人けがあまりなく、静まり返った施設の中で制服を着た職員が働いていて、入居者には自由がなく、一日のほとんどをベッド上で過ごしているといったイメージではないでしょうか。もし、施設が自宅の延長線上にあるのでしたら、このイメージはまったく違うものです。私の考える施設は、移り住んできた住まいの一つですから、入居しようとも地域の住民、社会の一員でなくてはならないのです。当然ながら、楽しみや自由もなくてはならないし、通りすがりにいろいろな世代の人たちがいなくてはならないのです。

その点で考えると、私の運営する施設には、たくさんの地域の方が目的や楽しみを見つけて来ているので、施設へのイメージも変わってきているのではないかと感じています。「将来は、この施設へ入れてね」という言葉も多く聞かれ、実際に、その家族や自身が入居している例は増えています。日頃から通い慣れている施設なので入居への抵抗も少なく、また、地域の人たちと施設職員は顔なじみとなっているので、介護や健康についての相談もしやすいようです。

入院患者の退院後の生活を話し合うカンファレンスで、また、ケア会議などの場で、病院の医師や看護師、ソーシャルワーカーなどが、「この状態では施設には戻れない」とか、時には「療養型病院が望ましい」「緩和ケア病棟が良い」と決めつけたやりとりをすることがあります。個人的には、それは本人や家族の意思を無視したやりとりだと思っています。今は、訪問診療や訪問介護なども充実していますし、在宅で看取られる人も増えてきています。ましてや、施設には医師も関わり、看護師や管理栄養士、理学療法士、介護士など多くの人が関わっています。それを、「この状態では施設に戻れない」「自宅では無理」と言われたと聞くとがっかりします。本人や家族が希望すれば、人工呼吸器などの延命治療中でない限り施設や自宅に戻ってくることができるのです。

この仕事に関わる中で、長年お付き合いをしてきた方々がたくさんいます。その中には要介護状態となり、私が運営するデイサービスや特養、グループホームなどに移り住まれた方もたくさんいます。医療から介護へと長年、その方の人生に寄り添ってきました。ある方は入院治療が必要になり、退院する際に病院から「施設は無理」との話が出たため、家族から直接相談を受けることとなりました。

その結果、その方は最期の時期を長年住んでいたグループホームで迎えることになりましたが、彼にとって20年近く暮らし、医療や介護の面でも安心して信頼できる職員がいるグループホームは、自宅以上の存在だったと思います。ですから、「施設は無理」「人工栄養が必要だから療養型病院だ」という決めつけた見方は、現実を理解していないのではないかと感じます。

私の法人が運営する認知症のグループホームは、共同生活の居住系施設であるため、ともに家事を行ったり、散歩に行ったり、季節の移ろいを楽しむための行事を行ったりします。認知症グループホームへの入居にあたっては「まだ、人のお世話になる年ではない」とか「そんな年寄りばかりのところには入りたくない」などと拒む人が少なくありません。それは、利用者のためを思うからこそ、なんとか入居させたいと望む家族を困らせる話でもあります。

そこで、私の認知症グループホームでは、拒む本人に無理やり入居を強いるのではなく、まずデイサービスにおけるアクティビティの活動ボランティアとして関わっていただくようにしています。高齢になっても人の役に立ち、社会の中で必要とされることを認識してもらう狙いもあります。

仕事に慣れてきたら、グループホームの生活ボランティアをお願いします。やがて入居者と親しくなり、顔見知りになった頃を見計らって、その人自身の入居へと結びつけるといった方法をとることがあります。

というのも、認知症が進んでからの入居よりも、症状が軽いうちから施設での生活に慣れたほうが進行も緩やかであることを踏まえ、利用者には早期入居を勧めているのです。

そういう考え方のもとで、ある日入居を希望する利用者と面談するため、介護療養型医療施設に向かいました。初めて訪れたその施設で利用希望者に対面したときの驚きは忘れられません。病室に足を一歩踏み入れて言葉を失いました。並べられたベッド上には寝たきりの高齢者が一様にミトンをつけられ、腕を動かせないように固定されていました。

そのうえでほとんどの利用者が胃ろう処置か経鼻経管によって栄養を入れられていたのです。苦しそうな言葉にならないようなうめき声に混じって、どこからか「死なせて。死なせて」というかすかな声を耳にし、一人でもこの状況から助け出したいといった衝動にかられて、面談対象者のグループホームへの受け入れを即座に決めてしまいました。

こうした現状を目の当たりにし、実態を知るにつけ、私は人が「生きること」や「幸福」とはなんだろうかと深く考えるようになりました。まず、生きるために栄養は必要ですが、ただ生かされるための栄養であってよいものだろうかという素朴な疑問を抱きました。

私が、当時その介護療養型医療施設で出会った人たちは、そこで生かされている限り相手に意思を伝えることもできず、残りの生きているうちの長い時間、部屋の白い天井を眺めて過ごすことになります。睡眠や入浴、排泄などの生活時間は利用者の意思とは関係なく施設側の都合で決められます。こうした実態を人が「生きる」とはいえないと思います。

利用者は過去の人生経験や尊厳、意思をもった人であり、植物ではありません。さらに、こうした状況が国民の税金や保険制度を財源としていることにも疑問を感じました。どのような状況になろうとも、人が「幸福に生きる」ことを妨げる権利は誰にもありません。

その介護療養型医療施設からグループホームに移った方には、人としての生活を送っていただきました。朝日を浴びて、だしの香りと包丁で野菜を切る音、洗濯機の回る音、挨拶をするなじみの人の声、テレビの音がする生活を送ってもらったのです。胃ろうの方でしたが、時にはガーゼに浸したスープを舌で味わっていただいたりもしました。五感で人としての生活を、暮らしを楽しんでいただきました。もしかすると、病院で医学的管理をされた中にいるよりも、命は少しばかり短くなったかもしれません。しかし、寿命の長さよりも、人としての生活を穏やかな気持ちで楽しんでいただくほうが、私は良いのではないかと感じています。

このことがきっかけとなり、人の最後の生き方に関わりたいとつい の棲家《すみか》ともいわれている特養を開設しようと考えるようになりました。そこで、市が高齢者支援計画の一環として進める複合型（地域密着型）特養の公募に応募することにしたのです。

それまで私が思い描いていた特養のイメージは、毎日の生活を営むには寂しい海辺や山の中のような場所にあり、そこを訪れるのは入居者の家族や関係者、従業員、ボランティアの人たちくらいで、そこに入居することは死を待つ準備を意味していました。入居する人にとって悲しくつらいことであり、家族にとっても親を見捨てるような申し訳ない気持ちを抱きながら決断を迫られたうえでの結果であると漠然ととらえていたのです。

そこで、市の公募に提出する提案書には、現在の自宅から転居して移住する「家」であることを強調し、「人として生きる」ことへの思いを詰め込みました。つまり、私自身が

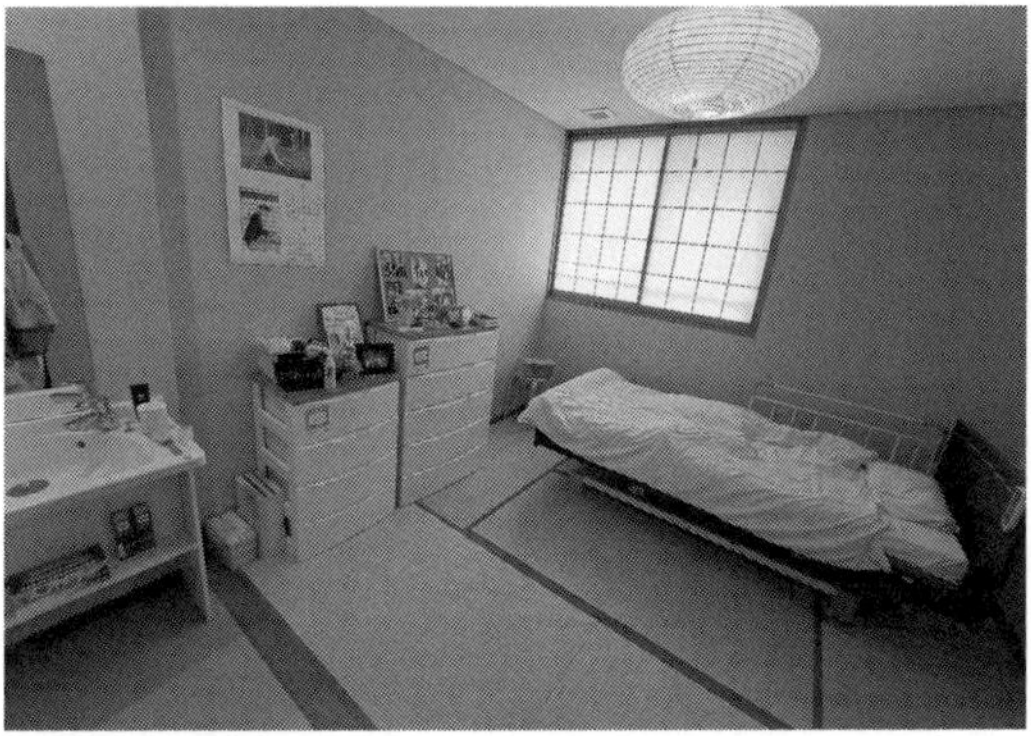

居室はすべて畳敷き

そこに住みたいと思えるような特養を目指しました。幸い、計画案は市内で選定される5施設の一つになりました。

「施設は暮らしの場」であり、「自宅の延長線上」との考えから、ソフト面だけでなくハード面を施設の開設時からかなり意識しました。

その一つが、居室のすべてをいぐさの畳敷きにしたことです。畳敷きについては、2003年に初めて介護事業所を開設したときから取り入れています。

畳の利点はまず、あの香りです。入居者の世代にとってはホッとできる癒やしの効果があります。万が一転倒しても畳が衝撃を吸収するので骨折しにくいことも長所です。日本家屋の居間と同じ感覚ですから、複数の来訪者があってもじかに座ることができます。看取りのときに家族が畳の部屋で泊まることもできます。畳は表替えさえすれば、香りだけでなく色も空気も新品同様になります。しかも、長尺シートやカーペット敷きなどの張り替え工事と比べると、畳の表替えのほうが断然安いのですから、畳にするメリットのほうが大きいことがよく分かります。

私がここまで畳にこだわるのは、できるだけ家庭にいるような雰囲気をつくりたかったからです。これまで見てきたほかの施設は、リノリウム張りの床で介護ベッドの横に折り畳みいすか丸いすが置かれていて、施設というより病院のような印象でした。この感じが施設に対する抵抗感につながっているのではないかとも思いました。そうしたイメージをハード面で拭い去りたかったのです。

共有スペースのフロアや廊下は土台となるコンクリートの床材の上に空間をつくり、その上に木材を張るといった木造のような構造を採用しています。こうすることで土台の硬い感触をじかに受けることなく、家の中を歩くような感触を足元から得られるようにしました。衝撃も吸収されるため、転倒からの骨折リスクも低く、立ちっぱなしで働く職員に

特養のユニットの玄関

とっても腰や脚への負担も、コンクリートの上で働くよりも軽減されています。

また、介護施設にはつきものの手すりも、それと分かる形では設置していません。多くの施設では出入り口でスリッパへの履き替えを求められますが、私の施設では各ユニットの玄関に入る手前までは建物内を土足で歩いても差し支えありません。施設全体は、まちの一つであり、入居者が10人ずつ居住しているユニットの玄関を入ると「家」になるわけです。ユニットの中は、10人の入居者の共同生活の場となっています。そこには、家と同じようにダイニングやリビングがあります。キッチンでご飯を炊き、汁物も作ります。ほかの主菜などは、厨房から鍋のまま運ばれてきますので、ユニット内で温めなおして、それぞれの食器に注ぎ分けます。茶碗や湯呑などは、各自の好みのものを持ち込んでもらい、居室内の家具なども好きなものを持ち込んでもらっています。もちろんお風呂も個浴です。

ユニット内の設備は、ユニット職員たちがそれぞれの入居者の「今までと変わらぬ生活」を意識して、ユニット費からソファやテーブル、インテリアなどを購入していますので、それぞれがまったく違った雰囲気になっています。

こうした取り組みはすべて、施設を自宅の延長線上にあるものと考え、少しでも違和感なく自宅に近付けようとする試みなのです。

今まで生まれ育ち年齢を重ねていく中で、人生のステージに合わせて転居してきている人がほとんどだと思います。施設は決して特別な場所ではなく、移り住んできた住まいの一つなのです。ただ、違っているのは、その生活をお手伝いする人がいて、おそらく家族よりも介護は少しばかり上手で、気付きも豊富であるということです。そして、在宅のときよりも、人とのつながりや楽しみを身近に企画してくれる職員がいますから、引きこもってしまうこともないでしょうし、医師や看護師などとの関わりも多くなるので、医療が近くにあるといったメリットがあります。その点が違うだけで、施設は自宅の延長線上にある生活の場なのです。

重要なのは地域共生社会実現への一歩

私が運営する社会福祉法人の本部のある特養が立つ土地は、商業施設なども隣接する新興住宅地の中にあります。3つの小学校を頂点とする三角形のちょうど真ん中に位置し、生活するにはなんでもそろっていてとても便利な地域です。この周辺一帯は、かつて、八幡製鐵株式会社の社宅が立ち並んでいた地域で、社宅ができた頃は日本でいちばん大きな社宅群だったそうです。

八幡製鐵の当時の総務部長にご縁をいただき、この土地を譲り受けることとなったとき「この地域にはたいへんお世話になったので、地域に還元できるような事業をしてほしい」と言われました。ですから、施設の計画にあたっては、地域に貢献できるということをいちばんに考えて進めていきました。

施設の隣地には、社宅があった当時から人々の憩いの場であったであろう静かな公園が整備されています。公園が隣接しているのは良いことなのですが、施設の敷地と公園を隔てるフェンスがとても気になっていました。社宅時代にはもともとフェンスはなかったのですが、周辺の土地が住宅地として分譲されるときに、北九州市によって公園全体を囲むフェンスが設置されました。私が気になったのは、この公園に設けられた出入り口の場所でした。出入り口は、施設とは反対側にある南側の1カ所のみで、公園からやって来る子どもたちは、南側の出入り口から出て、フェンスに沿って道をぐるりと回って来なければ施設にはたどり着きません。施設と公園との往来や、公園で遊ぶ子どもたちの安全面を考えても、出入り口は2カ所設けるべきではないかと考えました。

私は、多世代が自然な形でごちゃまぜに過ごせる施設づくりを目指しています。毎日、放課後になると施設の周辺には自転車が並び、たくさんの子どもたちが公園で遊んだり、施設内で遊んだりと自由に過ごしている姿を見て、公園との間の高いフェンスには違和感がありました。施設の敷地には、そこを囲むフェンスはありませんから、余計にそう感じたのかもしれません。

一計を案じた私はある日、フェンスを構成する畳ほどの大きさの格子状パネルの1枚を外し、公園からも施設からも自由に出入りできるようにしました。こうすることで、子どもたちはショートカットで安全に施設にやって来られるし、施設内の特養の入居者や、敷地内の保育園の子どもたちを散歩に連れ出すのにも便利だと考えたのです。

想定の範囲でしたが、日をおかずやって来た市の担当者から、フェンスを元に戻すよう申し渡されました。こちらの説明に対して、市側は「公の施設と民間の施設をつなげることはできない」という理屈で対応を迫ります。

最終的には「市の管理する公園が公なら、私が営む社会福祉法人の仕事も地域に貢献している公なのだから、両者を分け隔てする理由はない」という言い分が通り、公園と施設は自由に行き来できるようになりました。そして、さらに安全を考えて、通路や手すりも整備しました。

多くの人がイメージする特養は、要介護状態の高齢者だけが居住し、その施設に出入りするのは入居者の家族と施設で働く職員のみで、時折ボランティアが慰問で訪れるくらいではないかと思います。そのようなイメージをもつ健康な人であれば、自ら望んで特養に入居したいとか、そこで生活したいなどと思わないでしょう。自宅で生活している健康な高齢者であれば、いつでも自分の意思でどこかへ行ったり、友人に会ったり、趣味を楽しんだりすることができます。好きな時間に起きて食事をし、行きたいところに出かけることもできます。

しかし、特養のような施設に入ると、そういうことがしにくくなります。特に、新型コロナウイルス感染症が蔓延した時期には、外部との接触機会が厳しく制限されてしまいました。そうでなくても、入居者は社会から半ば隔絶した状況におかれています。

ほかの施設をいくつも見てきた私には、それがどうしても納得できませんでした。私が目指したのは、入居者が自宅と同じように自分の意思でどこかに出かけられるとか、会いたい人に会えるといった、つまり、いつでも社会とつながっていられるような施設です。

特養に入居しようとも、入居者は「地域の住民」「社会の一員」でなくてはならないのです。入居者だけの閉じられた施設ではなく、当たり前に多世代がいつでも自然に交わることのできる、仕切りのない施設を実現したいのです。敷地と公園を隔てるフェンスの一部を取り外し、施設とつなげたことは、地域共生社会の構築を掲げる私たちの取り組みの糸口であったかもしれません。

人と人とのつながりに重きをおいて運営している社会福祉法人が目指しているのは、誰も取りこぼされることのない「地域共生社会」の実現です。2013年に始めた医療・介護の専門職による地域ケア会議を端緒に、2016年に地域住民や地元企業も加えた地域包括ケア推進会議を発足し、同年、企業や地域の方とともに一般社団法人北九州おたがいさま推進事業協会を設立しました。

「赤ちゃんから高齢者までのすべての人が、自分にできること、小さなこと、身近なことなどなんでも気軽に『おたがいさま』の気持ちで助け合い、小さな心に寄り添うお節介な人たちによる笑顔がいっぱいの地域にしていくこと」という私の社会福祉法人の理念を形にするのが狙いです。

その後、市や企業、大学との連携の中で、独自のコミュニティづくりにも乗り出しました。このコミュニティの理念の特徴は「赤ちゃんから高齢者まで」すべての地域住民を対象としていることです。それぞれが自分にできることをしながら「おたがいさま」の気持ちで助け合い、その精神を次の世代につなぐことを目指すとしています。

2024年の春から、東京都では育児と仕事を両立させる選択肢の一つとして「子連れ出勤制度」の整備を推奨し始めました。私の社会福祉法人では、子連れ出勤は認めていましたが、2019年春から子連れ出勤だけでなく「ばあちゃん連れ出勤」も認めています。連れて来られたばあちゃんは、嬉々《きき》として介護現場の手伝いをしています。

ここに至るまでの道のりは決して平坦《へいたん》ではありませんでしたが、起業を考えたときから温めていた地域共生社会の実現に向けた足取りは着実に進んでいるように思います。

おたがいさまの考え方

私の社会福祉法人の基本理念は「おたがいさまで笑顔がいっぱい」です。この言葉には、介護の現場であっても、職員と利用者である高齢者や障がい者、そして子どもたちがたがいに対等な立場であるという意味合いがあります。人は誰かしらとちゃんと関わってさえいれば、一人たりとも社会の中で役割をもたないなんていうことはないのです。

法人が展開するそれぞれの事業所は人が「幸せに生きる」ための手伝いをする場であ

り、職員は手伝いをすることで報酬を得るだけでなく、「ありがとう」といった感謝の言葉や笑顔を受け取ることによって、元気ややる気や学びをもらいます。介護の現場でも介護をする側である「支え手」と介護をされる側である「受け手」という関係はなく、たがいに得られるものがあるのです。これについてはその関係性から、私の施設では職員の制服がありません。制服を着用することによって、どうしても「支え手」「受け手」といった関係性が他者からも目に見えてしまうからです。

私たちが掲げる理念は、社会福祉法人の使命は何かを考えた際、法人が社会のために地域貢献をするばかりではなく、職員や地域の人、家族など関わる誰もが人とつながり、つながりの中でたがいに「良かった」と思える関係づくりができるような社会にしていくことではないかという思いに至ったことから生まれました。

このことは、法人創設直後に始まった地域包括ケア活動の中でも常に意識しています。この理念から生まれたのが、厚生労働省が提示した植木鉢の概念図をアレンジした私たちのイメージ図です。

アレンジした地域包括ケアシステムの概念図

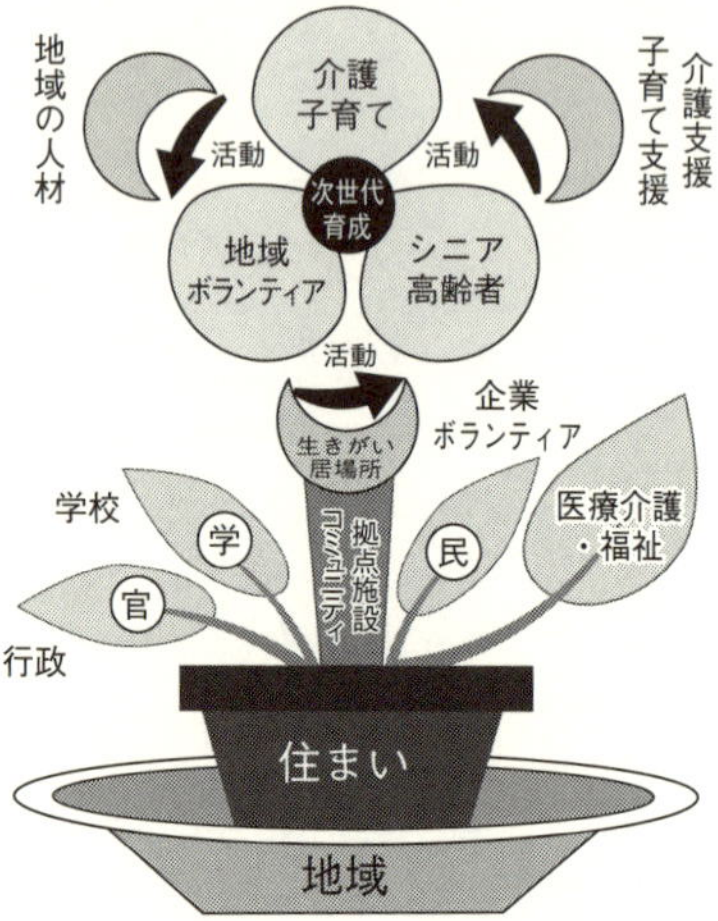

この図の地域や住まいを表している皿や植木鉢の中の土は、そこで関わるすべての人たちで耕して、肥えた土にしていきます。その土が熟成していればいるほど、医療、介護、福祉、学校、行政、企業やボランティアをする活動団体などが充実し、その拠点となるコミュニティもたくさん育っていきます。拠点となるコミュニティは、いくつあっても良いのです。私が運営している特養のような福祉施設であっても良いでしょうし、地域のお寺や神社、学校や市民センター、そして人が集まってくる商業施設の中のコミュニティでも構いません。この茎はた

くさんあればあるほど良いと私は思っています。

そして、茎の上に咲く花は、土壌が肥えているほど大輪の花を咲かせます。その花びらの部分は、子育てをしているママやパパであったり、ボランティアや仕事で活動する人、学生など若者たち、高齢者、介護者、要介護者などで、地域のすべての人たちを表し、みんな何かしら関わり合い、たがいに「受け手」であったり「支え手」であったりしています。こうした関わり合いの中で、それぞれの人が社会的な役割をもち、花弁の真ん中にある種となる次世代を育成していきます。立派な大きな花を咲かせるほど、真ん中の種の部分が大きくたくさん育っていきます。

この図のような社会では、地域の誰かが困っていれば、地域のお節介な人が手助けをしてくれます。それは国が決めたことでも誰かに強制されたことでもなく、ただ目の前の人の笑顔が見たいという単純な動機によるものです。

地域の大人のそんな姿を見て育つ次世代の子どもたちも「誰かのために働くことを幸せと感じられる大人に育ってほしい」と私はいつも願っています。私の社会福祉法人が運営する事業所では、赤ちゃんから高齢者までの老若男女が自分にできること、小さなこと、身近なことなどをたがいのこととして気軽に助け合える地域にしていくことを目指しています。

「つながり」と「笑顔」で取りこぼしのないコミュニティへ

特養を運営している本部建物の同一敷地内には、小規模保育事業所や障がい児の放課後等デイサービス、障がい者の就労継続支援事業所があります。

そして、施設の上層階では、地域の人たちが主催するサークル活動が行われ、小さな子どもたち向けのリトミックやダンス教室などが開かれ、夕方には学習塾や英会話、体操教室など子どもたち向けの教室があるので、その活動のために赤ちゃんを抱えた若い母親や子どもたち、そして地域の人たちが毎日のようにやって来ます。

保育園の園児たちとはイベント交流などで意図的に会いますが、さまざまな目的で外部からやって来る人たちとは、施設の入居者も自然な流れですれ違ったり、時には偶然の出会いもあったりします。多くの特養では、主に防犯上の狙いからエレベーターにテンキーロックをかけているため、暗証番号を押さないと動かすことができません。

しかし、私が運営する特養では、入居者が好きな時に好きな所に行けるようにとの配慮から、そうした仕組みを取り入れていません。入居者は思いのまま自由に行動できるため、施設の中にいても小さなまちの中にいる感覚で地域からの来訪者である赤ちゃん、子どもなど、さまざまな人と出会うことができるのです。

徒歩10分の距離にある系列のサ高住の居住者やほかの事業所の利用者も、建物内で行われるイベントへの参加をはじめ、ランチやお茶をするために、施設の貸し出しスペースやカフェを訪れます。カフェも地域の人たちが利用しているため、そこでの出会いはたがいに初顔合わせの場合もあれば、思いがけず元々の友人、知人に再会できることもあります。

入居者が楽しそうにしている姿を見て「私ももう少ししたらここに来るからね」と冗談を残して帰っていく地域の人もいますし、特養の職員ともすっかり顔なじみになった地域の人は、気軽に介護の相談などをして帰っていきます。

もはや30年前になりますが、最初に開設した診療所の窓口業務をしていた頃に出会った人たちとも、すっかり長いお付き合いをさせていただいています。最初のデイサービスを

1994 年に夫婦で立ち上げた診療所の外観

利用していた方で、１００歳前後になられてもまだまだお元気に通われている方がいたり、少しずつ身体が衰え、診療所通いからデイサービス、そして、グループホームや特養へと移り住んでいる方もいたりします。現役でとてもお元気な頃からの長いお付き合いになりますから、私の子どもたちが小さな頃のことも知っていて、それもまた話題の一つになったりします。

　そんな中の一人である入居者が体調を崩し、夫の診療所を受診する際に出会うと、元気な声で「今から、あんたのお父ちゃんとこ行ってくるからね！」と言って出かけていきます。そのような何げない会話を交わしているだけで、すべての人が家族のように思えてくるから不思議です。地域の方のお手伝いをしたいという気持ちから始まった福祉での関わりが、ちゃんと形になってきていることを感じます。

長らく続いてきた縦割り社会でなく、施設を拠点として、赤ちゃんから高齢者までの誰もが等しく関わることのできる、こうした新たなコミュニティづくりこそが、私の理想とする地域包括ケアを支えるコミュニティなのです。

これまでに携わってきた取り組みや活動を振り返ると、それぞれの活動は特養の入居者にとって日常的なことと受け止められているようです。特別な毎日ではなく当たり前に過ぎゆく日々こそが、入居者に笑顔をもたらし、明日の楽しみや希望を増やしていると考えられます。

私の施設では、少なくとも一日中ベッドに横たわっていたり、目的もなくテーブルの前で無表情にうなだれたりしている入居者を見かけることはほとんどありません。施設に入居しようとも「社会の一員、地域の住民」という私たちの考え方に立てば、自宅で生活していたときと同じように、人とのつながりは大切であり当たり前のことなのです。

「健康になるために最も大切なのはつながりである」という言葉もあります。「人とのつながり」や「笑顔」により、健康でより長寿な幸福度の高い人生を送れるということは海外の研究者のデータなどでも論じられています。

例えば、2010年に行われた米国のブリガム・ヤング大学の研究者、ホルトランスタッドによる研究では、運動や健康に気を付けるよりも「つながり」のあることのほうが寿命を長くする影響力が高いという結論を導いています。

笑顔や作り笑いと健康に関する米国・シカゴの臨床医、カーマイン博士は、アメリカのプロ野球メジャーリーグに入団した選手230人の寿命と笑顔の関係を50年間分調べた結果、本当に笑っている選手の寿命は平均79・9歳、笑顔なしの選手の寿命は平均72・9歳であったと報告しています。

この研究では、作り笑いでも平均74・9歳と2歳寿命が延びているという結果を得ています。この研究成果に触れるより以前に、私は人とのつながりや笑顔が健康や幸福感に影響があるだろうと薄々考えてはいましたが、この内容はその考えを裏付けるものでした。

「つながり」と「笑顔」はそれほど大切なのです。私の社会福祉法人の今後の取り組みの重点は、誰もが取りこぼされることのない地域包括コミュニティに向けて、人と人の「つながり」と「笑顔」を生み出す事業を行っていくことです。

地域住民の顔が見える関係づくりのために、私たちはこれまで、特養という福祉施設を拠点としたマルシェの開催や、認知症行方不明者捜索模擬訓練のようなイベントなどを積極的に行ってきました。しかし、イベントなどは一過性のものであって、それだけでは持続可能な「地域包括コミュニティ」の創造には、まだまだほど遠い気がしています。

これからは、地域の人たち、介護者、要介護者、子どもたち、学生、障がい者、外国人など、さまざまな世代、さまざまな状況の人たちが地域の中で、さらにつながるための強力接着剤のようなツールを考えなくてはなりません。

医療、介護、保育、障がい福祉、住まいなどが私の社会福祉法人の事業の中で担保された状態で、誰もが取りこぼされることのない継続的な「人と人のつながり」をつくっていくことが「地域包括コミュニティ」のあるべき姿だと考えます。

つながりやコミュニティへの参加、人と人の顔の見える関係づくりなど、社会福祉法人の事業者として地域の中でさまざまなお手伝いをすることは可能です。しかし、社会貢献という大義名分で、ただやみくもになんでも関わればよいというものでもありません。

地域課題を解決するために、社会や地域から求められることを、職員の理解のもとで見通しを立てて計画的に進めていかなくてはならないと考えていますが、少子高齢社会の中で、人材不足も大きな課題となっていることも見過ごせません。この問題は、事業の運営やさまざまな活動を継続していくうえで、大きな山だと真剣に考えています。目標をもって事業を始めたからには、社会の向かうべきところに向かって、その継続性を求めていくことは当然のことです。そのために、今後の取り組みとして2つのことを考えています。

1つ目は、ボランティアポイント制度です。今行われている「赤ちゃん職員」や子ども食堂の中でのボランティア、家族や地域の方による介護補助などの「たまゆら会」の活動などをポイントとして貯めていき、そのポイントを利用してカフェでお茶やランチができたり、お昼寝アートといった赤ちゃんの撮影会に参加できたり、また、子どもたちは施設内の駄菓子屋さんでお菓子も買ったりできるといった仕組みです。現在は、紙のポイントカードにスタンプを押していますが、これもオリジナルカードを作り交通系などのカードと同じような仕組みで利用できるようにしています。

この制度は、将来的には近隣の商店街などともタイアップして、特養などの介護施設でボランティアをして、貯めたポイントを利用してそのまま地域での買い物ができるように広がっていくといいなと思っています。とりあえずは、法人内での制度としてスタートしています。

2つ目は、地域包括コミュニティの接着剤的なツールとして「土」を利用したビジネス展開も将来的な計画として考えています。例えば、陶芸教室、土団子の土の販売、近隣の新興住宅地の家庭へのガーデニング用の野菜や花の苗、堆肥の販売、高齢者や障がい者などの人材を活用した陶芸窯でのカフェの運営などはその一案です。もう少し時間はかかりそうですが、私の考える地域包括コミュニティは既存施設の特養のように高齢者だけでなく、子どもたちの居場所となり、この緩やかな包括的なコミュニティが地域に広がっていくことを想定しています。誰もが役割をもち、おたがいに関わり合って生活しているのが本来あるべき姿であり、自然で楽しいことでもあるはずです。

年齢や性別、障がいの有無を問わず、誰もが役割をもち交流できる地域共生による多世代ごちゃまぜの場づくりはとても重要です。文化、運動、食事、仕事なども含め、生活全般を通じた場づくりを継続的に推進し、そこでは、地域住民や移住者、交流者の誰もがお節介な人であっても構わないと思っています。そこには、都市型コミュニティと農村型コミュニティの二面性があるのです。

役割を持って活躍できる場づくりは、あらゆる世代にとって生きがいややりがいにつながり、結果として「就労」につながる可能性を高めることもできます。今後「土」を中心とした、社会保障制度に頼らなくても幸福度の高い地域包括コミュニティの取り組みを持続可能な事業としていきたいと考えています。

地域をつくり上げる未来に向けて

私の事業は医療からスタートし、高齢者介護事業に向かいました。しかし、私自身が4人の子どもを育て、兼務して中学校に勤めていたことから、高齢者に関わる仕事をしながらも、ずっと次の時代を担っていく子どもたちのことが気になって仕方ありませんでした。

現在も、関わっていることのすべては子どもたちの将来を常に意識しながら進めています。根底には「子どもは社会の宝物」という強い信念があります。

赤ちゃん職員の採用、子育てスキップ広場、気になる子どもの相談カフェ、子ども食堂、まち美化清掃活動や花壇整備活動におけるボランティア、特養入居者との交流など、私の事業を彩る多くの活動には子どもたちの力が活かされています。

認知症グループホームの入居者たちは「子連れ出勤」する職員の赤ちゃんの来る日をとても楽しみにしています。子連れ出勤は出産後も正社員として勤め、夜勤もこなしたいという職員に認めていたのですが、入居者を喜ばせ、彼らの幸福度を高めるという思わぬ副産物をもたらしてくれました。

私の社会福祉法人が目指す高齢者、障がい者、子どもたちの共生に向けた取り組みのうち、子どもに狙いを定めた事業や活動の中には、思っていた以上に手応えを得られたものがある半面、まだまだ道半ば、あるいはなんらかの事情で足踏みしているものも少なくありません。

中学校での勤務経験を踏まえると、子どもの頃のコミュニティは家庭か学校しかありません。世の中はもっと広いのに、家庭と学校しか知らないとなると見える世界も狭くなってしまいます。しかも、核家族化が進み、会話をすべき両親も忙しくきょうだいも少ないため、家族の中で孤立しがちな子どもが増えているのではないかと心配になってきます。

その点、幼い頃から地域社会で学べる環境が整っていれば、子どもたちの発想や考え方は変わるはずです。

施設に出入りする子どもたちのように、少し年上の世代や大人たちと対等に話せる関係性はとても重要だと思います。そういう関係性の中で、大人が褒めたり、注意したりすることで子どもの社会性が育まれます。私は施設を通して、子どもたちのために家族機能の社会化を進めようと考えています。

また、子どもたちにとって最も良くないのは、食べられないことです。貧しいから、親がいないからなどの理由にかかわらず、食べられない子どもたちをなくさなければなりません。私の社会福祉法人では、子どもたちと入居者、そして職員が一緒に野菜を育て、収穫して、それらを調理して一緒に食べるという形の子ども食堂を長年続けてきました。この子ども食堂に関しては、まだ、「子ども食堂」という名称が世の中で使われる前に、社会福祉法人での最初の施設開設時の提案文に「子どもたちに食べさせる場をつくりたい」と書きました。

多感な年頃になると警察のお世話になる子どもも現れます。しかし、そうなる前に地域や社会が彼らを気遣い、守る場として私の施設が活用されればよいと考えています。こういう場がさまざまな地域にどんどんつくられるべきだと思います。

子どもには、やり場のない気持ちを外に向けるタイプと内に向けるタイプとがあります。私自身の青春時代を振り返っても、外に向かう子どもたちは心配ありません。大半が今は真っ当に生きているような気がします。注意を払うべきは内に向かうタイプです。たいていは居場所がない、誰にも必要とされていない、生きている意味が分からない、といった考えに陥ります。そういう子どもたちのよりどころになる場を設けることも、私たちを含めた地域社会に課せられた使命だと思っています。また、お節介おばさんやガミガミおじさんなど地域の人たちを子どもたちにつなげる場をつくり、施設で働いている有資格者の人たちが、必要に応じて子どもたちのために関わりをもてればと考えています。

昨今は、ウェブやSNSによるいじめや想像もしなかった事件などが増えていますが、それは仮想空間における出来事で、結局は実社会と変わりのない世界ではないかと私はとらえています。仮想空間とはいえ、一つの社会ですから、さまざまな人がうごめいています。

小学生がスマホをもつ時代であることを考えると、小さい頃から仮想空間での生き方とか人との付き合い方とかを教育する必要があります。そういうことは子どもの頃から学ばないと身につきません。誰にも教えられないまま大人になった人に生き方を変えろと言っても変えられるはずがありません。

その意味で、教育の役割は大きいと思います。家族の関わりが希薄になってしまった時代に、もっと地域の人とのつながりをもち、その中で子どもたちが育っていくことは、今の時代に合っているのではないかと思いますし、地域には老人世帯や独居生活をしている人も増えていくので、まさに、おたがいさまで時には家族のように過ごすことができればよいのではないかと思うのです。こういったことから、私が目指しているのは、福祉施設を拠点コミュニティとした家族機能の社会化でもあるわけです。このことについては、とても深い思いがあります。

今、私の施設には、毎日のように子どもたちがやって来ます。人数にすると、おそらく男女学年問わず30人から50人の小学生が来ていると思います。夏休みなど長期休暇には朝早くから来ており、職員の出勤よりも早くに来ている子どもたちもいます。

しかし、私たちは、子どもたちに施設利用の申し込みをさせたり、氏名、住所、家族関係などを聞いたりもしていません。すべては匿名で、その時期やタイミングが来たらその子どものことを知ることになります。

ある時は、木を折った子どもが保護者に連れられて施設に謝罪にやって来ました。私は、そこで初めて名前を知り、保護者を知ることになります。しかし、それでよいと考えています。出入り自由で、子どもたちが何か悪さをしそうなときには注意しますし、大切なことは伝えます。匿名にしていることによって、施設を訪れるハードルは下げていると思います。自由に、お好きなときにどうぞというスタンスです。

これが例えば市民センターの施設を使う場合には仕方のない面もありますが、申請用紙にこと細かく情報を書くことを求められます。

この施設利用での匿名性については、法人の理事会で話題になりました。実は、私の思い描いていることがフランスにあったのです。目指すモデルは、フランスの精神科医、フランソワーズ・ドルトが提唱した、家庭と託児所の中間的な位置づけの「緑の家」のコンセプトでつくられた子育て支援の保育施設です。

この「緑の家」という施設は、0歳から5歳までの子どもが他者と出会いながら社会に溶け込むための「慣らし保育の場」で、誰でも無料かつ匿名で利用できます。初めての子育てに悩む若い両親の相談に応じる体制も整えられています。匿名であるということから、利用者にとっては敷居が低くなります。

また、余談になりますが、子育てというと、介護などとは縁遠く関係なさそうですが、実はとても似通ったところがあります。死へ向かっていく身体や精神のさまざまな衰えの変化の過程は、生まれてきた子どもの成長の過程とは逆に進んでいっているのです。ですから、子育ての上手な人は高齢者への介護も上手な方が多いように感じます。

「生きる」とは生活を五感で感じることだと私は考えていますが、子どもの成長を五感から考えると、年齢とともに開かれる時期が違うと思うのです。例えば、感覚的な部分は小さいときほど鋭いはずです。ですから、意味も分からず素読したり、歌を覚えたりします。子どもの感性や成長に応じて開いていく部分に適切に関わっていくことが意味をもつのです。

　乳児はしっかり、肌を離すな
　幼児は肌を離せ、手を離すな
　少年は手を離せ、目を離すな
　青年は目を離せ、心を離すな

という「子育て四訓」という言葉どおりです。

つまり、子どもは自分で学び、成長していく力を備えています。ところが、今の世の中は生まれたときからもともとあるそういう力をつぶしてしまっているように思えてなりません。どんな子どもにも素晴らしい素質や能力が備わっています。その力は360度、どの方向にも伸びていく可能性を秘めています。

にもかかわらず、現在の学校教育では、スーパーに陳列される卵パックに整然とお行儀良く収まり、1ミリたりともパックからはみ出ない卵を育てるような教育がなされているように感じます。

しかるべき環境が与えられ、適切な声をかけられれば、子どもは自分で何かを見つけていくし、覚える時期になれば、自分で習得していきます。周りの大人の姿や立ち居振る舞いを見て学んでいく力もあります。そして、もともと子どもたちは、何か誰かの役に立つことをやりたい、早く大人になりたい、自分でできるようになりたいという気持ちを持っています。それが、今の社会の中でそぎ取られていってしまっています。

本来備わっている子どもたちの力を、より伸ばしていけるような社会となれば、子どもの成長は、やがて地域をつくり上げ未来を拓いていく力になるものと信じています。

私は、今後も、社会保障制度に多くを頼らなくても幸福度の高い地域包括コミュニティの取り組みを持続可能な事業としていきたいと考えています。地域包括コミュニティは高齢者や子どもたちが屋外を歩いて楽しくゆっくりと過ごせる場でもあります。そこには常に世代間交流やコミュニケーションが行われています。社会的な排除や格差がなく、自然とのつながりの中で生きていることを感じられるような環境づくりに努めていきたいと願っています。そんな場の一つとして、福祉施設には多くの可能性があるのです。

おわりに

私は現在、社会福祉法人を含む3つの法人で300人以上の職員を抱える事業を展開していますが、最初から大きな仕事を目指していたわけではありません。これらは、私自身の経験や出会った人とのつながりから生まれてきたのです。

子どもの頃から、与えられた環境をもっと良くしようといった向上心を持っていました。小学校の高学年になってから家族で引っ越した先は、通学に田舎道を歩いて片道40分かかる距離でした。街中から外れた市営住宅が立ち並ぶ新しいまちだったので、まだ子ども会も何もありませんでした。そこで、私は町内の下級生たちに声をかけて、毎朝みんなで一列に並んで登校することにしました。40分も歩くのは長いので、みんなで大きな声で歌ったり、詩を暗唱したりして楽しく通学しました。そして6年生のときには、集会所を借りて絵画や作文など作品を持ち寄って文化祭やクリスマス会などを開催しました。これも、小さなコミュニティづくりだったかもしれません。

今は人生も後半になり、気付けばコミュニティのことを考え、福祉の分野にどっぷりと身を置いています。実は福祉の分野で、最初は「障がい福祉」に興味を持っていました。それには理由があります。自分自身が「障がい」とか「人と違う」とはまったく思っていなかったことを、子どもの頃に他人から気付かされたことがあります。そのことによって心を傷つけられた過去があり、それは私の人生に大きく影響しています。障がいといっても、生まれるときに、左目を傷つけられたため視力がなく、角膜の混濁や斜視があるというただそれだけなのです。たったそれだけのことですが、周囲からの言葉や態度によって、子どもの頃から心を痛めていました。でも、そのことが私を成長させ、「障がい」に対してとても客観的に考えることができるようになったのです。

また、私の家庭は決して裕福ではなく、父は真面目に働いていたものの保証人になり借金の肩代わりをするなどして生活は厳しいものでした。私は、子どもの頃から、親に何でも頼ってはいけないと分かっていたので、「リカちゃん人形」や「布製の筆箱」が流行《はや》れば、両親に「買って」ではなく、自分で作るのが当然のような子ども時代でした。そのような状況だったため、高校3年生の秋に「お金がないから大学には行かせられない」と言われた際、驚くこともなく、自分で進学する方法を考えました。特待生制度や新聞奨学生制度を利用しようとしましたが、最終的には、高知の母方の叔母夫妻の助けを借りて大学に進学することができました。この経験から、経済的な理由で進学を諦めている子どもたちに対して、ちょっとした手助けで夢を叶えることを手伝うことができるのではないかといつも思っていたので、「家賃無料」という案も浮かんだのだと思います。

学生時代は、仕送りがなかったため、学費は育英会の奨学金、生活費は家庭教師など50種類以上のアルバイトで捻出し、なんとか卒業しました。さらに、ほかの女子学生とは異なり、卒業時には夫と長男がいました。それでも、休学することなく、学生、アルバイト、家事、母親と何足ものわらじを履いての学生生活でした。しかし、それを苦労と感じたことはなく、むしろ、この学生時代のアルバイトで得た社会経験や生活は、現在の事業感覚に活かされていると思っています。

学生時代は同じく苦学生だった夫と協力し合って、私は大学に長男を連れて行き一緒に講義を聴いたり、背負って実験に臨んだりもしました。出産のため、試験が受けられなかったときは、追試として教授の部屋のソファに長男を寝かせて受けさせてもらいました。そのようなとき、空気を読んでいるのか長男は泣いて迷惑をかけることもありませんでした。大学の先生や学友たちも協力的でともに子育てに関わってくれていたように思います。この経験も、子連れ出勤や赤ちゃん職員の採用を進めることに対して、まったく違和感がない理由かもしれません。このときは、子育ては楽しいものとしか思えませんでした。

ところが、大学卒業後に夫の出身地である九州に移住すると、生活や子育てが一変します。「孤育て」が始まったのです。ネット環境やスマホもない時代でしたので、住み始めた土地の情報もなく、一人途方に暮れました。母は亡くしており、夫は大学を卒業しての研修医で忙しく、親戚や友人、知人もおらず、毎日人と話をすることさえほとんどなく、言葉を忘れそうになるほど孤独でした。どんどん気持ちは落ち込み、涙することが多くなり、完全なうつ状態に陥りました。しかし、子育てが大変だったわけではないのです。むしろ、日々、どんどん成長していく子どもたちと過ごすことは楽しいことでしかありません。そうではなく、同級生が社会で活躍する中、突然社会とのつながりがなくなってしまったことがいちばんつらかったのです。

よく子育て負担の軽減とか、子育て支援のお金や保育政策という言葉を聞きますが、その前に、まず母親にとって、社会とのつながりや、社会の中で役割を担っているといった実感が必要なのです。最近の幼い子に対する虐待や事故の報道を見るたび、親たちが人とのつながりを求めていたのではないかと考えずにはいられません。

最近、「人生会議」という言葉をよく耳にします。これは、自分の考えを元気なうちに家族や医療チームと話し合い、終末期の医療やケアについての意見を伝えることです。元々はACP（アドバンス・ケア・プランニング）と呼ばれ、いざというときに家族が後悔しないための方策の一つです。私は、このことについて、今の仕事をするうえで基本的な考え方をつくったともいえるような経験があります。それは、私自身の父や母との別れの経験です。

私の学生時代に、元気だった母が、突然、膵臓《すいぞう》がんで余命2週間と宣告されました。病名を告知されない時代だったため、母は、最後まで回復を信じていました。それから6カ月間の最期を迎えるまでの時間を母は病院で過ごしましたが、その衰弱していく姿を見守るのはとてもつらいものでした。もうすぐお別れが近づいているというのに、私たちは「早く元気になってうちに帰ろう」と余命を告知されていない母に声をかけなくてはならないのです。それまで、一度も私たちに泣く姿を見せたことのなかった母が、見舞客と別れるときに涙を浮かべていました。母は自分の最期を悟っていたのではないかと思います。しかし、母は、最期まで自分自身の回復を疑うような言葉を私たちに発することはなく、むしろ家族のことを心配していました。「本当は生きているうちに何をしたかっただろう」「どこで最期を迎えたかっただろう」「誰に会いたかっただろう」と、亡くなってしまってから、すでに確認のしようのない母の気持ちを考えるとたまらなくなります。40年以上経った今でも、そのことを考えると後悔ばかりなのです。

父の場合は、また違った状況です。母が亡くなったのは、父が苦労させたからだと決めつけ父とは疎遠になってしまいました。父は若々しく、お酒や趣味を楽しむ人で、友人も多く心配したことはありませんでした。それから10年近く経ち、父が九州まで来ることがありました。そのとき、久し振りにゆっくり話をして、翌朝には「もう九州の人になったんだね。健康に気を付けて頑張ってな」と言い残して帰っていきました。その言葉に「父も年をとってきたんだ。そろそろ許そう。仲良くしよう」と思ったのでした。まさかその2週間後に、突然の事故で亡くなってしまうなんて想像もできず、この時が父との最後の会話になるとは思ってもいませんでした。まるで、お別れに会いに来たかのようでした。私は、心の準備もできないまま、突然いなくなった父に対して、後悔の気持ちで今でもいっぱいです。もっと話をしたかった、もっと優しくしてあげればよかったと思います。こういった後悔は生涯にわたって人を苦しめます。

両親との別れの経験は、私の福祉や介護の仕事のうえでの基本的な考え方を固めました。利用者家族がＡＣＰについてどうしてよいのか迷い、悩み相談に来た際には、いくつかの選択肢とそれを選んだ場合のそれぞれの結果を提示したあとに、「私だったらこうします」と伝えています。しかし、各家族には事情があるため、私の答えが正解とは限りません。相手の気持ちを受け止め、考えを整理する手伝いをすることで、誰にとっても後悔のないＡＣＰになるように願っています。また、残された家族を悩ませないためにも、伝えられる元気があるうちに、どうしてほしいかを話し合っておくことも大切なことです。「こうすればよかった」と大切な家族を後悔させることは、亡くなった本人にとっても残された家族にとってもつらいことです。

誰しも人生はそれぞれの物語があります。私の人生という物語から生まれた、障がいということに対する気持ち、貧困の問題、孤育て、ACPなど、自分自身のさまざまな経験が今の福祉や介護の仕事への思いにつながっています。私の人生の物語は、他者からは苦労話に思えたり、大変だったねとよく言われたりします。しかし、決して、苦しいとか、つらいとか、惨めとか、そんな思い出にはなっていないのです。それは、きっと、その時々にいろいろな人との出会いがあるからだと思います。そして、その人たちとの出会いがあったからこそ、今の自分があるのです。

人脈なし資金なしの状態で、起業の話はどの銀行も門前払いでした。しかし、28歳の私に「若さを担保に貸そう」と救ってくれた銀行の支店長がいました。地域の人のために動こうとしたとき、たまたま土地を提案してくれた地主の方がいました。人の最期の瞬間までの人生に関わりたいと思ったとき、偶然にも北九州市の特養の公募の情報をくださった女性経営者の方がいました。広い土地を探し求めていると、企業の方が力になってくれました。公募のときにたくさんの応援のメッセージをくれた地域の方、2つ目の診療所が失敗に終わったときに保育園を提案してくださった地域の幼稚園の園長先生、アイデアを共有し力になってくださった行政の方、私の気持ちに寄り添ってくれたたくさんの方々、いつも笑顔で私を支えてくれる職員たち、そして、医療面で全面的にサポートしてくれる夫など、本当にたくさんの方とのつながりの中から、今の事業や取り組みがあるのです。

私は福祉の仕事に携わるにあたり、大学で「福祉学」や「地域コミュニティ」を学びました。そして2020年には、自分のこれまでの事業を振り返るためにMBAを取得しました。その際、私の論文を指導してくださったゼミの城戸宏史先生から、これを本として出版すべきだと強く勧められました。

「なぜそんなに頑張れるの？」とよく質問されます。それはきっと、自分自身が後悔したくないからだと思います。両親や出会った人たちから受け取ったものを、次の世代につないでいきたいのです。

私が、末娘を出産後すぐに起業したとき、子守のためのお手伝いに来てくれていた方がいました。その方にはたいへんお世話になり仕事に専念できました。おかげで今の私がありります。そして10年ほど経ったある日、ケアマネジャーとなり地域のために働く彼女と再会しました。私が社会福祉法人を立ち上げ、日々奔走している姿を知り、彼女は私の健康を気遣い、いろいろと力になってくれました。しかし、その彼女が病に倒れ、余命宣告を受けてしまったのです。

それでも、彼女は私を気にかけてくれ、ある日、「あなたの好きなアジの南蛮漬けを作ったのよ。でも、持って行けないからほかの人に持って行ってもらうから食べてね」と電話がかかってきました。私は心配になり「私のことはいいから、少しでも身体を休めてゆっくりしてください」と伝えました。すると、彼女は「大丈夫。今休まなくても、死んだらいくらでも休めるから。身体の動くうちは、少しでも誰かの役に立ちたいのよ」と言うのです。この言葉こそが、私の原動力なのです。彼女が私に教えてくれたことなのです。

生きる意味、生まれてきた意味は、まさにここにあると思います。それは、次の世代に伝え、つないでいくことです。血縁でのつながりだけでなく、さまざまな生き方や考え方、優しさや思いやり、知識や学問、文化や芸術を後の世代へと引き継ぐことこそが、私たち生まれてきた者の使命です。だからこそ、人は一人ではなくつながりを大切にしなければならないのです。

福祉施設は、これからの社会の中で、つながりをつくる拠点コミュニティの一つとなり、さまざまな世代をつないでいく場となるでしょう。今回、本書をまとめながら、まだ道半ばではありますが、自分自身のやってきたことが間違った方向ではないことを、改めて感じました。

私自身の事業や活動も、多くの人とのつながりによって、助言をいただいたり励まされたりと力をもらいました。そのうえで、今の形があると思います。今の取り組みの大きな力となってくださっている地域のまちづくり協議会、社協、自治区会、市民センターのみなさま、これまで関わってくださった北九州の企業の方々や行政のみなさま、友人、知人、多くのみなさまのおかげです。そして何より、いつも同じ方向に向かい、ともに歩みを進め、力になってくれている夫に感謝したいと思います。

2024年12月 創業30周年を迎えて

権頭 喜美恵

孫娘が描いてくれた地域住民とのつながり

権頭　喜美恵（ごんどう　きみえ）

1963年生まれ。北九州市立大学社会システム研究科「地域コミュニティ専攻」マネジメント研究科卒業。中学校で理科の非常勤講師をしながら4人の子育て、「権頭クリニック」開設後は講師業のかたわら、クリニックの経営にも携わる。2003年より福祉事業に力を注ぎ、2011年『社会福祉法人　もやい聖友会』創設後理事長に就任。現在は関連3法人22事業所を経営しながら「地域包括ケア」や家族機能の社会化を目指した「多世代ごちゃまぜ地域共生社会」の構築に向けた活動をしている。趣味は茶道、日本酒、バイク、演劇（劇団青春座 所属）など。コミュニティFM「AIR STATION HIBIKI」のラジオパーソナリティも務める。社会福祉法人もやい聖友会 理事長、人間関係学修士、経営学修士（MBA）

本書についての
ご意見・ご感想はコチラ

福祉施設からはじまる
多世代ごちゃまぜ地域共生社会

二〇二四年一二月六日　第一刷発行

著　者　権頭喜美恵
発行人　久保田貴幸
発行元　株式会社　幻冬舎メディアコンサルティング
〒一五一-〇〇五一　東京都渋谷区千駄ヶ谷四-九-七
電話　〇三-五四一一-六四四〇（編集）
発売元　株式会社　幻冬舎
〒一五一-〇〇五一　東京都渋谷区千駄ヶ谷四-九-七
電話　〇三-五四一一-六二二二（営業）
印刷・製本　中央精版印刷株式会社
装　丁　立石愛
装　画　セキサトコ

検印廃止

Printed in Japan　ISBN 978-4-344-94859-4　C0036
幻冬舎メディアコンサルティングHP　https://www.gentosha-mc.com/